Astrid Eichler
Gott hat gewonnen

Edition
AUF:ATMEN

Astrid Eichler

Gott hat gewonnen

R. BROCKHAUS VERLAG WUPPERTAL

Die Edition AUF:ATMEN
erscheint in Zusammenarbeit
zwischen dem R. Brockhaus Verlag Wuppertal
und dem Bundes-Verlag Witten
Herausgeber: Ulrich Eggers

Umschlag: Dietmar Reichert, Dormagen
Gesamtherstellung: Breklumer Druckerei Manfred Siegel KG
ISBN 3-417-24461-7
Bestell-Nr. 224 461

INHALT

EINLEITUNG

Dies Buch soll eine Einladung und eine Ermutigung sein, vielleicht auch eine Korrektur.

Gott hat mich auf meinem Weg reich beschenkt. Es ist ein Weg, von dem ich die meisten Teilstrecken wirklich nicht noch mal erleben möchte. Aber es ist ein Weg, auf dem ich Gott immer besser kennen lernen und immer mehr von IHM empfangen konnte. Davon erzähle ich und lade damit ein, auf dem Weg mit IHM nicht aufzugeben. Es lohnt sich dranzubleiben!

Vielleicht dauert es manchem Leser zu lang: »Wann kommt endlich der Durchbruch, das Happyend?« Ich habe versucht, sehr ehrlich zu schreiben. Ich schaue zurück auf einen langen, manchmal sehr mühsamen Weg, auf viele schmerzliche Prozesse. Da ging nichts im Schnellverfahren; aber es ging auch nicht im Kreis. Gott ging mit mir Schritt für Schritt weiter. Oft war mir, als ob ER mich frage: »Astrid, bist du bereit?« Für die Antwort hat ER mir immer wieder Zeit gelassen.

Oft war mir, als ringe Gott mit mir wie damals mit dem heimkehrenden Jakob (vgl. Gen. 32). Und wie damals: Das Beste ist, ER hat gewonnen.

ER geht immer noch weiter mit mir. Wie gut! Schon jetzt gibt es viele Fortsetzungen der hier erzählten Geschichten.

Als Christen leiden wir oft an Gleichgewichtsstörungen. Auf meinem Weg war das wörtlich genommen eine schwere Erfahrung, eine Krankheit, die mir sehr zu schaffen gemacht hat und mich zeitweise ins Aus beförderte.

Ich denke, dass Gott mit unseren geistlichen Gleichgewichtsstörungen oft große Not hat. Und hier könnte Korrektur helfen, damit wir wirklich *ganz* werden. Dazu brauchen wir den *ganzen* Gott,

- als VATER, der uns unsagbar liebt und als seine Kinder in seine Arme schließen will,
- als HERRN, der uns gebieterisch in die Nachfolge ruft und alles von uns fordert und

– als leidenschaftlichen LIEBHABER, der mit uns in Partnerschaft leben will, damit in dieser Welt mehr Menschen zu seinen Kindern werden.

IHN so kennen zu lernen, das hat ER mir auf meinem Weg geschenkt. Ich bete, dass dieses Buch Sie ermutigt, dranzubleiben auf dem Weg, den ER mit Ihnen geht, und dass Sie IHN dabei immer besser kennen lernen. Das verwandelt Ihr Leben.

Im Blick auf dieses Buch, danke ich

zuerst meinem HERRN, der mit mir eine solch spannende, herausfordernde und gute Geschichte gemacht hat. Ich erzähle hier ja nur, was durch IHN möglich geworden ist.

Ich danke denen, die mich auf diesem Weg, auf dem ich sehr oft an meine Grenzen gekommen bin, begleitet haben. Ihr wart für mich Engel Gottes. Ich weiß, dass ich ohne euren Dienst vieles nicht hätte bewältigen können. Danke für euer Zuhören und Lesen meiner oft sehr langen Briefe. Danke für euer Beten und Ermutigen. Danke für eure Treue.

Ich wünsche jedem an die Seite solche Freunde und Begleiter, wie ihr es für mich seid.

Ich danke denen, die mich auf meinem Weg gefördert und ermutigt haben zu Diensten, die ich mir nie ausgedacht hätte. Dadurch kam es auch zur Idee für dieses Buch.

Ich danke den treuen Geschwistern in der Buchholzer Kirchengemeinde, die es dulden, die dafür beten und es fördern, dass ich nicht nur Gemeindepfarrerin bin, sondern auch manch anderen Dienst tun kann, zum Beispiel dieses Buch schreiben. Danke für eure Treue und euer Gebet!

Buchholz/Prignitz, Dezember 2002 *Astrid Eichler*

Erstes Kapitel

Zweimal bekehrt

»Fürchte dich nicht, denn ich habe dich erlöst; ich habe dich bei deinem Namen gerufen, du bist mein.« (Jes. 43,1)

»Astrid, komm mal rüber, ich muss mit dir reden«, ein Telefonanruf meiner Klassenlehrerin an einem Februarabend 1973. Das ist mir ja noch nie passiert. Was sie nur will? Eine Ahnung habe ich schon.

Ich gehe gern zur Schule, eigentlich schon immer, und nun schon im 8. Schuljahr. Mir macht es Spaß zu lernen, und was mir Spaß macht, fällt mir auch leicht. Mathematik ist mein Lieblingsfach. Überhaupt haben es mir die Naturwissenschaften angetan. Mit Kunst und Musik kann ich nicht so viel anfangen, noch weniger mit Sport. Das haben fast alle in unserer Familie gemeinsam. So richtig schnell, beweglich und stark sind wir eben nicht.

31 Schüler sind wir in unserer Klasse. 30 davon sind in der FDJ, eine nicht. Das bin ich. Die Freie Deutsche Jugend ist die kommunistische Massenorganisation für die Jugend in der DDR. Es hat seine Gründe, dass ich da nicht dabei bin. Mein Vater ist Pastor. Das ist schon mal ein Grund für sich. Meine fünf älteren Geschwister sind auch nicht in der FDJ. Für mich ist schon immer klar: »Da machen wir nicht mit, denn wir sind Christen.« Auch bei den Pionieren, der Organisation für die Kinder, war ich nicht dabei. »Mein Vater ist Pastor«, zunächst reichte auch mir diese Begründung. Inzwischen habe ich das Statut der FDJ selbst gelesen, als Einzige aus der Klasse, wie sich später herausstellt.

Ich will mal Medizin studieren. Das ist schon lange mein Wunsch. Auf dem Gelände eines Krankenhauses aufgewachsen, immer mit Krankenhaus und Medizin irgendwie in Berührung, kann ich mir schon seit Jahren nichts anderes vorstellen, als dass ich mal Medizin studieren werde. Dafür brauche ich das Abitur, und dafür muss ich auf die Erweiterte Oberschule gehen. Die 10-jährige Schulpflicht wurde im Allgemeinen auf der Polytechnischen Oberschule, POS, absolviert. Wer Abitur machen wollte, musste mit der 9. Klasse auf die EOS wechseln.

Den Antrag auf Zulassung hatte ich vor einigen Wochen abgegeben.

Meine Vermutung trifft zu. Dies ist das Thema des Gesprächs, zu dem meine Klassenlehrerin mich gerufen hat: »Wenn du eintrittst in die FDJ, dann können wir deine Bewerbung zur Erweiterten Oberschule weiterreichen, dann wirst du das Abitur machen können. Wenn nicht, dann nicht.« Der Sachverhalt ist klar. Da gibt es nichts zu rütteln. Ja oder nein.

Ihr Mann ist bei dem Gespräch dabei. Er ist Arzt. Seit Jahren bin ich bei ihm in Behandlung. Wir mögen uns. »Entscheide dich so, dass du den Hut vor dir selbst noch ziehen kannst«, heißt sein Rat. Damit gibt er mir eine maßgebende Richtlinie mit auf den Weg.

Es geht nicht nur um ein Ja oder Nein für oder gegen die FDJ. Es geht nicht nur um mein Ziel, das Medizinstudium machen zu können, es geht letztlich um grundlegende Werte für mein Leben. Ist das Studium als Ziel der höchste Wert an sich, oder gibt es andere übergeordnete Werte, selbst wenn das Ziel nicht erreicht wird? Was darf mich das Erreichen eines Zieles kosten?

Das Gespräch dauert lange.

Zu Hause sitzen meine Eltern im Amtszimmer meines Vaters und warten. Neben dem Wohnzimmer ist dieses Zimmer das Zentrum der Familie. Als ich sieben Jahre alt war, erbten wir den Fernseher meiner Großeltern. Inzwischen ist es ein anderer Apparat, aber auch er hat seinen Platz im Amtszimmer direkt am Kopfende der Liege, die dort steht. Fernsehen geschieht bei uns Kindern also immer auf dem Bauch liegend und zugleich unter der Aufsicht meines Vaters. Er hat besonders für mich als Jüngste und als Mädchen eine strenge Auswahl im Blick auf das, was mir erlaubt ist. Ich spezialisiere mich in meiner Jugendzeit auf Bundestagsdebatten und Sport, vor allem Fußball – Bundesliga. Es ist ein »offenes Geheimnis«, dass wir Westfernsehen empfangen. Nur mit meiner Schulfreundin, Tochter eines Polizisten, darf ich nie zusammen Fernsehen gucken. Das versteht sich von selbst.

Gespannt, was nun ist und was wird, empfangen mich meine Eltern nach dem Gespräch mit meiner Lehrerin. Ich spüre ihre große Ratlosigkeit. Sie wollen mir nichts verbieten. Es könnte ja sein, dass ich Jahre später vor ihnen stehe und sage: »Ihr habt mir meine Zukunft verdorben. Weil ihr mir die FDJ verboten habt, kann ich nichts werden. Ihr seid schuld.« Sie wollen es mir nicht verbieten. Aber dass ich jetzt als die Jüngste von sechs Kindern die Erste sein sollte, die da mitmacht, das können sie sich auch nicht so recht vorstellen. »Fünfmal haben wir es durchgestanden, widerstanden ... und jetzt bei der sechsten ... Soll es da anders sein?«

Mein Vater ist seit 1955 Pastor und Vorsteher des Stiftes Bethlehem in Ludwigslust. »Stiftspropst« ist sein Titel. Es ist eine wohl ziemlich seltene Berufsbezeichnung. Als Kind erfüllt mich das mit Stolz. Das Stift Bethlehem ist ein großes Diakonissenmutterhaus und evangelisches Krankenhaus. Mit über 400 Patientenbetten hat das Krankenhaus die Funktion eines Kreiskrankenhauses. Drei Schwesternschaften leben und arbeiten in diesem Haus. Da gibt es die Diakonissen Kaiserswerther Prägung, die ehelos leben und ganz für den Dienst zur Verfügung stehen. Sie werden immer weniger, und die wenigen, die noch da sind, werden immer älter. Da sind die Diakonischen Schwestern, die inzwischen weithin den aktiven Dienst tragen, und außerdem noch die Schwestern des Zehlendorfer Diakonieverbandes. Alle drei Schwesternschaften haben ihre eigene Prägung und Ordnung. Darin geht mein Vater auf. Wenn er von diesen Schwesternschaften spricht und von den Möglichkeiten eines evangelischen Krankenhauses mitten im sozialistischen Staat, ist zu merken, wie sehr da sein Herz schlägt.

Sein Dienst beansprucht ihn sehr. Ein tiefer Ernst ist ihm abzuspüren. So manches Mal am Mittagstisch schlingt er sein

Essen förmlich in sich hinein. Sein Blick, seine Gedanken sind »irgendwo«, und meine Mutter fragt suchend: »Hermann, wo bist du?«

Doch hinter seinem Ernst und seinem Engagement liegt ein tiefer Humor. »Beten und boxen«, heißt es bei ihm, wenn es zum Beispiel darum geht, im Gegenüber zu staatlichen Stellen etwas zu entscheiden und durchzusetzen. Und als die klassischen Werkzeuge für seinen Dienst nennt er »Bohrer, Taschenlampe und Bügeleisen«. Wozu? Den Bohrer, um immer mal nachzubohren, wenn es irgendwo nicht weitergeht, die Taschenlampe, um in alle dunklen Ecken zu leuchten, und das Bügeleisen, um viele »Igel« zu glätten. Das ist seine Art, einen Betrieb zu leiten.

An diesem Februarabend gehe ich in den Garten. Ich will allein sein. Es ist dunkel und kalt. Ich bin ratlos, aber doch entschieden: Der Wille Gottes soll in meinem Leben geschehen.

Langsam, ganz zart kommt Klarheit in mein Herz: »Ich kann das nicht zusammenkriegen. Es geht nicht.« Es ist *nicht* die wilde Entschlossenheit, *gegen* irgendwas zu sein, sondern eher ein Unvermögen, unvereinbare Widersprüche in meinem Herzen zusammenzubringen.

Der Glaube an Gott ist mir seit meiner Kindheit selbstverständlich. Die FDJ aber ist eine atheistische Organisation. Ich krieg das in meinem Herzen nicht zusammen.

»Mit leidenschaftlichem Hass gegen den imperialistischen Klassenfeind«, steht in der Satzung der FDJ. Klar, dass ich das nicht zusammenbekomme: »Liebet eure Feinde«, steht in meiner Bibel. Das Bibelwort hat sich inzwischen tief in mein Herz geprägt.

Meine Eltern nehmen meine Entscheidung erleichtert, dankbar zur Kenntnis, ja, auch ein bisschen stolz, merke ich. Ich rufe meine Lehrerin an. »Ich kann das nicht. Ich weiß, das hat Konsequenzen, ich werde sie tragen.« Ihrer Reaktion ist Bedauern anzumerken. Mehr bleibt ihr auch nicht.

In den folgenden Monaten kriegen einige meiner Klassenkameraden mit, was im Hintergrund gelaufen ist. Einer kommentiert: »Du bist ja schön blöd, lässt dir die ganze Zukunft verbauen.« Verblüfft hört er von mir: »Der, um dessentwillen ich das tue, der hat eine Zukunft für mich.«

Christsein ist eine Entscheidung und hat Konsequenzen, das liegt tief im Boden meines Herzens verankert. Ich habe mich entschieden, die Konsequenzen zu tragen. Und, so glaube ich, langfristig werde ich davon Gewinn haben.

Von klein auf ist der Glaube an Gott für mich selbstverständlich, eine positive Selbstverständlichkeit. Ich bin dankbar für diese gute Ausgangsposition für mich, für die Saat, die von klein auf in mein Leben hineingelegt worden ist. Aber zunächst ist das Selbstverständliche etwas, worüber »man« nicht redet. Glauben gehört eben dazu, das Tischgebet, das Gebet beim Schlafengehen, alles selbstverständlich, aber »nicht der Rede wert«.

Mit 15 habe ich Orgelunterricht. Mittags übe ich in der Stiftskirche. Von draußen höre ich den Krankenhausbetrieb. Es klappert, lacht und ruft. Die Schwestern fahren auf kleinen Wagen die Töpfe und Kannen zurück zur Küche. Trotz der Geräusche von draußen ist es in der Kirche ruhig. Und warm ist es hier, wohl weniger durch die Heizung – diese alte Gasheizung gibt nicht mehr so viel her – als durch die Backsteine, die die Atmosphäre des Raumes bestimmen. Vorn leuchten die bunten Glasfenster. In der Mitte ein Weihnachtsbild, die Krippe mit einer Christrose darunter. Das ist ein Hinweis auf die Gründungsgeschichte des Stiftes.

Am Weihnachtsabend 1841 ist Helene von Bülow in großer Trauer um ihren Bruder. Nachdem sie Trost in der Bibel gefunden hat, geht sie sinnend durch den Garten. Da sieht sie mitten im Schnee eine Christrose. Dieses Bild wird für sie zum Ruf, ein Krankenhaus für Kinder zu schaffen. Deshalb auch der Name »Bethlehem«, ein Hinweis auf Weihnachten und zugleich die Botschaft »Haus des Brotes«. Sie beginnt 1851 mit neun Kinderbetten. Das ist ein kleiner Anfang für ein großes Werk der Diakonie.

Schülerinnen aus der Krankenpflegeschule kommen auf die Empore zum »Mittagsgebet«. Als staunende Zuhörerin erlebe ich meine erste Gebetsgemeinschaft. »Einfach so« gemeinsam und laut zusammen beten, das hab ich ja noch nie erlebt. So was kenne ich nicht. Warum machen die das? Und überhaupt, ist denn das nötig und gut?

Ich komme mit diesen jungen Mädchen näher in Kontakt und ins Gespräch.

Sie sind im 1. oder 2. Ausbildungsjahr zur Krankenschwester. Die meisten kommen aus christlichen Elternhäusern. Zum Teil sind sie welche wie ich, sie waren nicht in der FDJ, haben deshalb kein Abitur und konnten nicht studieren. Bei einer fange ich an, Gitarrenunterricht zu nehmen. So gibt es jede Woche mindestens eine Begegnung.

Bisher kannte ich das Stiftsgelände nur von außen und zu feierlichen Anlässen. Jetzt bekomme ich einen Einblick in den Alltag, der sich in den roten Backsteingebäuden abspielt. Ich lerne ihre Welt kennen, die Welt von Krankenpflege-Schülerinnen. Das Internat ist verteilt auf viele Gebäude. Meistens auf den Dachböden der verschiedenen Häuser, dort sind Schülerinnenzimmer eingerichtet. In der Regel gibt es Vierbettzimmer mit Doppelstockbetten.

Im Zusammensein mit einigen von ihnen lerne ich kennen, was ihnen wichtig ist. In den Gesprächen mit ihnen kommt Jesus ganz selbstverständlich vor. So selbstverständlich wie es für mich ist, *nicht* über den Glauben zu sprechen, so selbstverständlich ist es für sie, genau dies zu tun.

In den folgenden Monaten verlagert sich der Schwerpunkt meines Lebens weg von der Schule hin zu freundschaftlichen Beziehungen zu ihnen. Besonders viel Zeit verbringe ich mit Friedegard. Sie ist zwei Jahre älter als ich. In vielem, was mich bewegt, kann sie mich gut verstehen.

Ein Jahr lang gehe ich jede Woche zu diesem Bibelkreis im Internat. Ich komme, sitze, schweige und gehe. Für die Verantwortlichen eine ziemliche Zumutung. Für mich eine wertvolle Zeit. Ich bin gern Zuhörerin. Ich muss nicht zu allem was sagen. Und das, was dort gesagt, gelehrt und gebetet wird, wird mir wichtig.

Hinter mir liegt im Blick auf die FDJ eine klare Entscheidung für einen Weg im Willen Gottes. Das ist ein sehr praktisches und folgenreiches Geschehen für mich. Dem aber, was andere »Bekehrung« nennen, stehe ich eher kritisch gegenüber. Das ist mir fremd, fast unheimlich. Wollen die was Besseres sein? Besonders fromm, besonders gut? Die Frage bei einer Jugendrüstzeit »Bist du bekehrt?« empfinde ich mehr frech als hilfreich.

Vieles ist mir fremd, das fromme Gerede, der Ruf zur Entscheidung, das »Zeugnisgeben«. Das erste Mal, als ich jemanden höre, der ein Zeugnis geben will, warte ich doch tatsächlich auf seine Zensuren.

Als Ergebnis von manchen Erlebnissen und Gesprächen ergibt sich für mich: Ich will nicht so sein wie die typisch »Frommen«. Trotzdem versuche ich, mehr über das Christsein rauszukriegen, denn es muss mehr geben als das, was ich so kenne.

Und das gelingt mir durch die Freundschaft zu den Krankenpflegeschülerinnen. Da finde ich Antworten auf meine Fragen. Ich merke, sie wollen nichts Besseres sein. Sie sind nicht die »besonders Guten« oder Frommen. Das gemeinsame Gebet erlebe ich als Bereicherung. Und dass man von seinen Erfahrungen mit Jesus spricht, leuchtet mir auch immer mehr ein.

Dann findet das, was schon in meinem Herzen an Klarheit und Entschiedenheit ist, wertvolle Ergänzung durch Fragen, die nicht mehr ich, sondern die Gott an mich stellt.

Beim Lesen eines Buches von Werner de Boor ist mir, als ob Gott mich fragte: »Wie steht es mit deiner Liebe zu MIR?« Das erste Gebot: »ICH bin der HERR, dein Gott, du sollst nicht andere Götter haben neben mir« und dazu Luthers Erklärung: »... Du sollst Gott über *alle* Dinge fürchten, lieben und vertrauen«, werden zur Frage schlechthin; das ist *die* Anfrage an meine Liebe und an mein Vertrauen zu Gott. Ich fühle mich ertappt.

Meine »klassische« Bekehrung geschieht am Ende meiner Schulzeit, ein »klassisches Sündenbekenntnis« und das Ja zur totalen Abhängigkeit von Jesus Christus. Ganz »klassisch« mit einer anderen Christin zusammen. Das, was ich praktisch schon einmal vollzogen habe, nämlich Gott das Recht auf meine Zukunft zu geben, das lege ich jetzt grundsätzlich für mein Leben fest, sozusagen in einem juristischen Akt mit Zeugin begebe ich mich in die Abhängigkeit von Gott.

An dem Tag, an dem ich so bete, ist das Wort in den Herrnhuter Losungen aus Jesaja 43,1:

»Fürchte dich nicht, denn ich habe dich erlöst; ich habe dich bei deinem Namen gerufen, du bist mein.«

Das ist und bleibt Gottes Wort an mich als stabiles Fundament für den Weg, der vor mir liegt.

In dieser Zeit beginne ich mein Erleben, vor allem meine inneren Erfahrungen und Empfindungen, zu notieren. Im Laufe von Jahren füllt sich Buch um Buch. Das Schreiben hilft mir, mich selbst zu finden und mich einzufinden bei Gott. Was mich vorher völlig durcheinander bringt, weil es in mir Kreise zieht, verliert auf dem Papier seine Macht. Das Durcheinander wird durchschaubar. Wenn ich schreibe, werden Erlebnisse, Gedanken, Empfindungen oft schon zum Gebet.

Kurz nachdem ich diese Bekehrung erlebt habe, beginnt für mich die Ausbildung zur Krankenschwester.

Bei dem Versuch, in einem staatlichen Betrieb zu lernen – ich hatte mir ausgerechnet, dass ich dann vielleicht doch noch Chancen hätte, zum Medizinstudium zu kommen –, erfahre ich, dass zu den Bewerbungsunterlagen eine Erklärung gehört: »... allezeit bereit für die Verteidigung des sozialistischen Vaterlandes ...« (oder so ähnlich) zu sein. Als ich das in Händen halte, denke ich: »Wenn ich das jetzt unterschreibe, dann hätte ich vor zwei Jahren gleich in der FDJ mitmachen können.«

Also beginne ich in einer kirchlichen Krankenpflegeschule mit dem Gedanken: »Wenn die mich nicht wollen, dann will ich auch nicht mehr.«

Das war mir durchaus bewusst: Es gab in der DDR eine gewisse »Narrenfreiheit« im sozusagen »staatsfreien Winkel«. Die Diakonie hatte für das Gesundheitswesen in der DDR große Bedeutung und so einen relativ großen Lebens- und Handlungsfreiraum.

Das kommt mir nun zugute. Damit kann ich in den folgenden Jahren gut leben.

Zweites Kapitel

Geistliche Kinderstube

»Sie blieben aber beständig in der Lehre der Apostel und in der Gemeinschaft und im Brotbrechen und im Gebet.« (Apg. 2,42)

Seit September 1975 bin ich »Schwester Astrid« im hellblauen Kleid mit Kastenhaube.

Ich wohne im Internat der Krankenpflegeschule am Luise-Henrietten-Stift in Lehnin, einem kleinen Ort zwischen Brandenburg und Potsdam. Jeden Tag atmen wir dort konzentriert historische Luft ein. Das Internat ist untergebracht im Mutterhaus des Stiftes in den alten Klostergebäuden eines Zisterzienser-Klosters direkt an der Südseite der Kirche der Zisterzienser. Das Kloster, 1180 gegründet, beherbergt seit 1911 das Diakonissen-Mutterhaus.

Mitten im Ort geht ein Weg ab, der zum Kloster führt. Rechts an der Ecke ein Bäcker, ein wesentlicher Ort für uns. Nicht von ungefähr haben wir in der Internatszeit fast alle eine beträchtliche Gewichtszunahme zu verzeichnen.

Die dicken Backsteinmauern strahlen Ruhe und Sicherheit aus. Die Tür vom Haupteingang öffnet sich schwer. Aus dem Kloster kommt einem in jeder Jahreszeit kühle Luft entgegen. Gleich vorn rechts ist die Pforte. Am Tag sitzt dort meist Schwester Ella, eine kleine, alte Diakonisse, die mit viel Witz und Humor den Bewohnern und Gästen begegnet. Von 20 bis 22 Uhr müssen die Internatsbewohnerinnen den Pfortendienst machen. Wer Ausgang hat (einmal in der Woche), muss sich in ein Heft eintragen. Pünktlich um 22 Uhr muss jede zurück sein. Die Tür wird jetzt abgeschlossen.

Unten links geht es in die Mutterhaus- und Krankenhausküche. Gegenüber neben der Treppe ist die Tür zum Kapitelsaal, eine Perle des Klosters, genutzt für besondere Anlässe. Auch unsere theoretischen Prüfungen finden zum großen Teil hier statt.

Gegenüber vom Haupteingang, sozusagen zwischen Küche und Kapitelsaal, führt eine Tür auf den Kreuzgang. Im Sommer sitzt man hier gut zum Lernen oder, lieber noch, zum Kaffeetrinken. Manchmal fühlen wir uns dabei allerdings wie im Zoo. Das Kloster, so gut erhalten und mit so viel Leben gefüllt, ist eine beliebte Sehenswürdigkeit. Dabei besichtigen die Touristen zwangsläufig nicht nur das Gemäuer, sondern auch die Bewohner.

Die Treppe hoch beginnt der Internatsbereich. Das heißt, in der 1. Etage rechts im Flur sind noch die Büros der wichtigen Leute: Oberin, Vorsteher, Lehrschwester. Links und eine Etage weiter oben ist dann unser Reich mit Vier- und Dreibettzimmern, Teeküchen, Waschräumen, Aufenthaltsräumen und dann noch unterm Dach ein paar kleinere Zimmer.

Der Duft aus der Küche füllt in der Regel das ganze Haus. Schon morgens, wenn wir aus dem Zimmer in den Waschraum gehen, können wir feststellen, was es zum Mittag geben wird.

Das Krankenhaus ist in verschiedene Gebäude verteilt. Direkt am Klostergebäude, noch vor dem Internat, sind die Säuglings- und Kinderstationen. Wenige hundert Meter hinter dem Kloster sind in ehemals landwirtschaftlichen Gebäuden die Inneren und Chirurgischen Abteilungen, OP, Verwaltung, Ambulanzen, Waschküche und Speisesaal.

Der Sommer hat seine besonderen Reize in dieser herrlichen Gegend. Wenn man vom Kloster durch das Krankenhausgelände gegangen ist, an den Altersheimen vorbei, die in Baracken aus dem Krieg untergebracht sind, führt ein herrlicher Weg zum Klostersee, einem der vielen Seen, die Lehnin umgeben. Ein Ruderboot, Stiftseigentum, lädt ein. Wenn wir uns dahin auf den Weg machen, denken wir nach einem anstrengenden Frühdienst ganz schnell: Wir sind im Urlaub.

Auf unserem Stundenplan steht unter anderem das Fach »Berufsethik«.

»Wenn Sie in ein Krankenzimmer kommen, dann stellen Sie sich immer vor, er oder sie, die, die da liegen, sind nahe Angehörige von Ihnen.« Wir haben auf den Stationen zum großen Teil noch große Zimmer mit vier, sechs oder noch mehr Patientenbetten. Vieles ist mühsam und bei weitem nicht schön oder angenehm. Die Vorstellung, Frau XY ist nicht XY, sondern könnte meine Mutter, der Mann dort an der Tür mein Vater sein; oder gar ich selbst könnte da liegen, diese Vorstellung verändert meine Einstellung.

Nachdem ich dann tatsächlich mal 10 Tage selbst auf einer der Stationen gelegen habe, weiß ich sehr gut, was für einen Patienten angenehm und was absolut unangenehm ist. Der Gedanke, selbst in der Situation des Patienten zu sein, ist real geworden. Ich bin »in seiner Haut« gewesen.

»Barmherzigkeit heißt, in die Haut eines anderen zu schlüpfen, mit seinen Augen zu sehen, mit seinem Verstand zu denken, mit seinem Herzen zu fühlen« (W. Barclay). Ich absolviere eine »Sonderschulung«. Was in diesem Bereich gilt, trifft für jeden Bereich unseres Lebens zu: Mich in die Situation des anderen hineinzuversetzen, verändert das Verhalten.

Die Lehniner Zeit, für mich die Jahre von 17 bis 21, bietet mir viel Raum für vielfältige Gemeinschaft.

Mittwochs treffen sich im Dienstzimmer der Internatsleiterin Schülerinnen und jung examinierte Schwestern. Hier finde ich das wieder, was ich in Ludwigslust mit den Krankenpflegeschülerinnen erlebt habe, einen Kreis zum gemeinsamen Bibellesen und Beten. Es gibt inzwischen nur einen wesentlichen Unterschied: Ich bin nicht mehr die »große Schweigende«.

Die Gemeinschaft weitet sich aus. Oft sind wir bei gemeinsamen Mahlzeiten zusammen, verbringen Zeit miteinander, haben vielfältigen Austausch.

Intensives Bibelstudium, genaues Hinhören auf den Text – das lerne ich in dieser Zeit. Der biblische Text ist für uns die Vorgabe, der wir uns zu stellen haben. Nicht wir stellen in erster Linie die Fragen an den Text, sondern wir erlauben es, dass die biblische Botschaft uns die Fragen stellt. Oftmals führt das in Buße, zu neuer Hingabe oder in Neuordnung von Beziehungen untereinander.

Höhepunkte sind Urlaubszeiten, die wir, acht bis zehn Schwestern bzw. -schülerinnen, gemeinsam verbringen.

Entweder wir haben dafür irgendwo ein Pfarrhaus gefunden, das uns für eine Woche zur Verfügung gestellt wird, oder wir fahren nach Waldenburg in Sachsen, wo eine von uns zu Hause ist.

Rita, die Internatsleiterin, ist immer dabei. Es ist ihr ganz wichtig, in das Leben von uns jungen Leuten zu investieren. Dabei ist auch ihre Freundin Christel, Lehrschwester und Mitarbeiterin im Internat. Ingeborg und Dorothea sind zwei von sechs Töchtern einer musikalischen Pfarrersfamilie. Das kommt uns zugute. Irgendwie hat mal wieder jemand Kassetten aus dem Westen eingeschmuggelt. Lieder der Jesus-Bruderschaft sind darauf. In mühsamer Kleinarbeit werden die Texte abgeschrieben. Wir lernen die Lieder, eine spielt Gitarre, Ingeborg flötet oder singt eine Oberstimme.

Sabine, Helga, Dori, Maria. Es gibt einen festen Kern und dann welche, die einfach mal mitkommen und dann auch wieder nicht mehr.

Wir üben gemeinsames Leben auf engem Raum. Reihum wird der Küchendienst übernommen. Wir wandern, vertiefen uns dabei in tiefsinnige Gespräche, spielen, feiern, singen und beten zusammen. Im Zentrum stehen die Bibelarbeiten. Einige Male lesen wir gemeinsam ein Buch.

Zum Beispiel lesen wir in solch einer Zeit das Buch »Tote können nicht sterben« von W. I. Thomas. Ich lerne dadurch das alttestamentliche Buch Ester intensiv kennen. Die Geschichte dieser jungen Frau fasziniert und packt mich.

Im Persischen Reich ist die Vernichtung der Juden beschlossene Sache. Ester, die Frau des Königs, ist die Einzige, die eine Chance hat, beim König um Gnade zu flehen. Sie ist Jüdin und könnte ihr Volk retten. Das Erscheinen vor dem König aber, wenn er es nicht befohlen hat, kann den Tod zur Folge haben. Das heißt, Ester muss damit rechnen, dass sie ihr Leben verliert. Sie entscheidet sich, es dennoch zu wagen. Sie gibt sich dem Auftrag, ihr Volk zu retten, ganz hin und bekennt vor dem gefährlichen Gang zum König: *»Komme ich um, so komme ich um«* (Est. 4,16). Sie achtet ihr eigenes Leben gering, um das Leben ihres Volkes zu retten. Diese Geschichte prägt sich mir tief ein.

Die »4 B-s eines Christen«: Bibel, Beisammensein, Brotbrechen, Beten (vgl. Apg. 2,42) – das erlebe ich ganz intensiv. Ich genieße eine gute »geistliche Kinderstube« – so nenne ich diese Jahre nach meinem Neuanfang als Christ (vgl. Joh. 3,1ff) –, in denen Grundlagen gelegt werden.

Das geschieht auch bei einer Jugend-Silvester-Rüstzeit, die ich im Julius-Schniewind-Haus*, einem Seelsorge- und Erholungsheim in Schönebeck-Salzelmen, 25 Kilometer südöstlich von Magdeburg, miterlebe.

1957 bekam Bernhard Jansa, Pfarrer in Sonneberg/Thüringen, von seinem Bischof den Auftrag, solch ein Werk aufzubauen. Erlebnisse in Möttlingen, der Wirkungsstätte Blumhardts, und Begegnungen mit F. Stanger, der die Arbeit dort weitergeführt hatte, prägten Jansas Dienst, der von der Botschaft vom Reich Gottes gekennzeichnet war. Schnell war ihm bewusst geworden: »Solch ein Dienst der Seelsorge und Fürbitte muss von einer Gemeinschaft getragen sein.« So nahm er damals Schwestern der Anna-Stift-Schwesternschaft mit, die nach dem Krieg aus Schlesien nach Thüringen gekommen waren.

Im Schniewind-Haus erlebten Menschen durch die Erfahrung der Vergebung tief greifende Lebensveränderung. Heilungen und Befreiungen geschahen. Das machte Schlagzeilen und führte 1959 mit dem Vorwurf der »Kurpfuscherei« durch staatliche Stellen zur Schließung des Hauses. Nach einigen Monaten musste diese jedoch rückgängig gemacht werden. Der »Erfolg« war eine größere Bekanntheit des Werkes in die gesamte DDR hinein.

Das Schniewind-Haus war ein wesentlicher »geistlicher Knotenpunkt« innerhalb der DDR. Hier kamen Impulse von überall an, aus verschiedenen Ländern und geistlichen Bewegungen, und wurden bei Tagungen und Rüstzeiten (Pfarrertagungen, Katechetenrüstzeiten, Einkehrtage, Jugendrüstzeiten u. a.) weitergegeben, ins Land hineinmultipliziert.

Bernhard Jansa war ein Charismatiker, schon bevor es die »charismatische Bewegung« als solche gab. Er starb 1967. Sein

* Vgl. »AufAtmen« 4/1997.

Nachfolger wurde Dieter Blischke. Seit 1999 ist Pfarrer Hans-Michael Sims Leiter des Werkes.

Das Gelände liegt am Stadtrand von Schönebeck in Richtung Calbe und ist für den Anreisenden nicht zu übersehen. Verschiedene Häuser gehören dazu, neben den Wohn- und Gästehäusern auch Wirtschaftsgebäude, die für die Gäste nicht zugänglich sind. Sogar einige Schweine werden von den Schwestern gefüttert.

Zu Silvester ist das Schniewind-Haus immer überfüllt. Mit 4 Personen in einem Doppelzimmer zu wohnen, ist dann ganz normal. Da ist »Leben in der Bude«.

»Es steht zu viel vom vergangenen Jahr vor mir, was mich trennt von Gottes Fülle, die auch mir verheißen ist. Ich glaube, ich habe viel verloren. In mir ist eine tiefe Sehnsucht nach der Fülle an Glauben, Liebe, Freude, Kraft ... Ich brauche ja dich, HERR. Nach diesem Jahr muss viel neu werden ... Große Sehnsucht ist in mir. Doch ich finde keinen Frieden im Gebet. Mein Gebet bleibt leer. Das ist furchtbar ...« (Tagebuch 29. Dez. 1977)

»Ausgepowert« bin ich, frustriert, problembeladen. Es gibt »Beziehungskisten« im Internat, wo wir auch zu viert in einem Zimmer leben. Der Alltag von Krankenpflegeschülerinnen im 2. Ausbildungsjahr mit ganz verschiedenen Dienstzeiten ist schon eine nicht geringe Anforderung. Temperamente, Prägungen, Vorlieben prallen aufeinander. Ich finde das Ganze ziemlich schwierig und suche Hilfe in dieser Situation, die mich viel Kraft kostet.

Man rät mir: »Geh doch zum Gespräch!« Ich lande bei Schwester Reni. Sie arbeitet schwerpunktmäßig in der Seelsorge. Ganz am Ende des unteren Flures bewohnt sie ein klitzekleines Zimmer. Immerhin ruhig ist es hier, was sonst in diesen Tagen fast unmöglich ist. Warm ist es, hell, eng. Das Sofa dient nachts als Bett. Davor steht ein kleiner Tisch, zwei kleine Sessel, auf denen wir sitzen. Ein Regal voll mit Büchern, hinter einem Vorhang eine Waschecke, ein kleiner Schreibtisch voll mit Stapeln von Briefen. Trotz der Enge fühle ich mich nicht beengt. Es ist schön hier. Ich bin eingeladen. Ich schütte mein

Herz aus. Wir beten gemeinsam. Sie legt mir im Zuspruch der Vergebung und zum Segen die Hände auf. Mein Körper wird durchströmt. Nach dem Amen verharre ich in Stille. In mir singt es Halleluja. Geradewegs gehe ich in die Kapelle. Ich knie nieder, Freudentränen kommen, und eine »neue Sprache«, die Sprache des Geistes, kommt über meine Lippen. Welch ein Geschenk! Der HERR beantwortet meine große Sehnsucht mit der Fülle des Geistes. Eine einschneidende Erfahrung für mich: Gott geht auf meine Sehnsucht ein. Es ist ihm nicht egal, wie es um mich steht. Die Stelle, an der es sehr eng für mich geworden war, wo ich Leere und Kampf erlebte, ist zum Ort geworden, an dem Gott mir neu begegnet und Neues beginnt. »Typisch Gott!«

Nach dieser ersten Begegnung mit Schwester Reni wird sie für mich zur geistlichen Begleiterin über viele Jahre. Mehrmals im Jahr kehre ich »bei Schniewinds« ein, wie es bei uns heißt.

In solchen Tagen ist immer ein Treffen mit ihr eingeplant. Und wenn ich erzählt habe, wie es steht, was mich bewegt, was mich schafft, kaputtmacht, enttäuscht, dann spricht sie. Am Ende knien wir uns hin und bringen alles zu Jesus. Aber, und das ist das Entscheidende, nicht nur *alles*, sondern *mich selbst* bringe ich zu Jesus. In diesen Jahren reift eine tiefe, innige Beziehung zwischen Jesus und mir.

So sehr mir der Dienst als Krankenschwester Freude macht, so sehr erscheint mir aber auch manches in der Welt des Krankenhauses zunehmend fragwürdig und bringt mich in innere Konflikte: Der Umgang mit der Wahrheit am Krankenbett ist ein weites Feld. Ich leide darunter, wenn Patienten, von denen Ärzte und Schwestern genau wissen, dass sie nur noch kurze Zeit zu leben haben, immer wieder hören: »Es wird schon werden.« Und wenn ein Mensch von über 80 Jahren beim Ausblick aufs Sterben hören muss: »Ach, so schnell geht das nicht!«, dann spüre ich etwas von der Flucht vor den Realitäten. Ich merke, wie die Ärzte Mühe haben, mit dem Sterben umzugehen. Das Schwierigste für mich ist das Erleben von Sterbenden, die »wie immer« alle Verordnungen über sich ergehen lassen müssen.

Statt in einem friedlichen Zimmer zu liegen und anhaltenden Beistand neben sich zu haben, sind sie dem Krankenhausbetrieb ausgesetzt. Hektik umgibt sie und mitten drin tiefe Einsamkeit. Je länger, je weniger kann ich das ertragen.

Im Blick darauf und auf Grund meiner geistlichen Entwicklung reift in mir die Entscheidung heran, nach dem Abschluss der Krankenpflegeausbildung das Fach zu wechseln und Theologie zu studieren.

Das Theologiestudium war in der DDR auf verschiedenen Wegen möglich. Da gab es das Studium an der staatlichen Universität, entweder nach dem Abitur oder nach einer so genannten Sonderreifeprüfung. Da die meisten Anwärter auf dieses Studium aus ähnlichen oder gleichen Gründen wie ich kein Abitur hatten, musste es diesen Nebenweg geben. Oder man studierte an einer der drei kirchlichen Hochschulen oder nach abgeschlossener Berufsausbildung an einer der beiden Predigerschulen, einer Fachhochschule vergleichbar.

Mein Ziel wird die kirchliche Hochschule in Naumburg. Auch hier ist es möglich, eine Aufnahmeprüfung abzulegen und das Studium zu beginnen.

Monate sind geprägt von den Überlegungen und Vorbereitungen für diesen Weg. Nach meinem Schwesternexamen im Sommer 1978 will ich dort beginnen.

Ich plane und lebe darauf zu. Ich beginne, mich mit dem zusätzlichen Lernstoff für die anstehende Aufnahmeprüfung zu beschäftigen. Zwei meiner Brüder studieren gerade in Rostock Theologie. Sie bekommen den Auftrag, schon jetzt theologische Bücher für mich zu besorgen, denn was einmal auf dem Markt ist, das kommt so bald nicht wieder.

Es gibt Gegenstimmen in meinem Umfeld. Die Schwestern, mit denen ich sonst viel Zeit verbringe, deren Gemeinschaft mir wichtig und wertvoll ist, hinterfragen diese Entscheidung und diesen Weg. Vor allem meine Motive sind ihnen fragwürdig. »Was willst du eigentlich? Und warum hast du es so eilig? Wenn es Gottes Wille ist, dann musst du dich nicht so beeilen«, so etwa höre ich immer wieder von ihnen.

Wenn ich ganz ehrlich bin, dann fällt auch mir auf, *»dass ich jedenfalls nie mit einem Zweiten zusammen für die ganze Sache gebetet habe. ›Oh, HERR, was willst du, dass ich tun soll?‹ Ich ging Schritt für Schritt. Ein Stoppschild sah ich nicht – oder übersah ich es?«* (Tagebuch 1. Juli 1977)

In dieser Zeit stoße ich auf das Buch eines Bruders von Taizé, Max Thurian, »Ehe und Ehelosigkeit«.

So rückt das Thema Ehelosigkeit zum ersten Mal in den Horizont meines Denkens. Auch wenn es mir durch meine Kindheit in einem Diakonissenmutterhaus schon immer vor Augen war, dass es solche Berufung gibt, die scheinbare Selbstverständlichkeit der Ehe war mir nie so selbstverständlich wie den allermeisten, denen ich begegne; ich wusste schon immer um diese »andere Möglichkeit« als eine reale Lebensform, es war bisher kein »Denkthema« für mich.

In Max Thurians Buch geht es auch um Berufung im Allgemeinen. Ich notiere mir vier Punkte:

a) Ruf und Gaben Gottes offenbaren sich zuerst durch das innere Zeugnis des Heiligen Geistes.
b) Lebensumstände werden zu Zeichen der Berufung.
c) Es bleibt die Notwendigkeit der Entscheidung als Glaubensschritt.
d) Notwendig ist die Bestätigung durch die Gemeinde.

Kann ich diese Kriterien nicht auch anwenden im Blick auf meine Berufung zur Theologie?

In mir ist ein »innerer Sog« dahin, die Umstände stehen günstig, die Türen haben sich geöffnet; ich habe die Entscheidung getroffen. Ich zweifle zwar noch, aber warum eigentlich? Die Hilfe durch die Gemeinschaft erfolgt nicht in der gewünschten Weise.

Den Jahreswechsel 1977/78 verbringe ich wieder bei der Jugend-Rüstzeit im Schniewind-Haus.

Es ist ein Ringen und Kämpfen in mir. *»Die Unbeständigkeit des Alltags macht mir zu schaffen, wie oft ich mich durch alltägliche Arbeit und Umgang von Gott entferne. Ich sehne mich nach verbindlicher*

Gemeinschaft, nach dem Bund mit Gott, der auch äußerlich sichtbar wird. Der Gedanke des Lebens in der Ehelosigkeit lässt mich nicht mehr los ... Vor einem Jahr empfing ich in unsagbarer Fülle den Heiligen Geist, unaussprechliche Freude erfüllte mich im Sprachengebet. Sie scheint erstarrt; das Sprachengebet, oftmals versäumt, scheint leer, missachtet ...« (Tgb. 29. Dez. 1977)

Mir hilft Lehre aus dem Leben des Jakob: Er erlebt in Bethel eine Himmelsstunde mit Gott (vgl. 1. Mose 28,10ff). Aber: *»Es gibt nur wenige ›Bethel-Stunden‹, in denen die Herrlichkeit des HERRN uns so nahe ist. Wir leben nicht von ihnen, sondern von der ständigen, festen Bindung an Jesus Christus.«* (Tgb. 29. Dez. 1977, aus der Bibelarbeit von P. Fischer)

Jakob erlebt das ganz Andere am Pniel (vgl. 1. Mose 32,23ff). Im Dunkeln ringt er mit einem Unbekannten, der stärker ist als er. »Ich lasse dich nicht, du segnest mich denn«, bekennt Jakob. Als Gezeichneter (hinkend) und Gesegneter geht er aus dieser bedrohlichen Gottesbegegnung im Dunkeln hervor. Die »Pniel-Stunden« unseres Lebens, dunkel, bedrohlich, bringen tiefen Segen in unser Leben, auch wenn die Schwere des Kampfes nicht spurlos an uns vorübergeht.

Ringen und Kämpfen: Wenn das Beten nicht das ist, was es sein könnte? *»Leben mit Jesus ist dynamisch, nicht in zwingende Gesetzmäßigkeiten gedrängt. 4 Minuten mit Jesus können mehr sein als 30 Minuten in frommer Gesetzlichkeit. Zum anderen können aber auch die 30 Minuten, die mir scheinbar nichts gebracht haben, ein Geschenk an Jesus sein.«* (Tgb. 30. Dez. 1977) – Das notiere ich mir als Ergebnis eines Gesprächs.

Und die Sache mit dem Studium? In Kürze beginnen? Warum nicht? Wenn es sowieso in diese Richtung geht, warum dann noch warten? Die Türen sind offen. Also durchgehen, oder? Warum stellt sich kein richtiger Frieden ein?

Doch in dem allem »... *das Wichtigste: ›Wer es fassen kann, der fasse es!‹, sagt Jesus, als ER über die Ehelosigkeit um des Himmelreiches willen spricht (Mt. 19,12). 1. Korinther 7 hat zu mir gesprochen, und seitdem ich das Buch über Ehe und Ehelosigkeit von Max Thurian las, hat mich dieser Gedanke nicht mehr losgelassen und ist zum konkreten Ruf an mich geworden, den ich heute beantworten konnte. Das heißt, ICH KANN ES FASSEN, und ich fasse es, und so will ich gehorsam sein. Jesus hat durch seinen Geist in meinem Herzen bezeugt, dass er für mich ALLES sein kann und ALLES sein will ... Entweder ganz oder gar nicht, solche Menschen sind besonders geeignet für das Reich Gottes. Ich will ganz – im Glauben daran, dass die Kosten bei Jesus nie so hoch sind wie der Lohn in der Erfüllung der Verheißung. Nur wo Gehorsam ist, wird Verheißung wahr, aber dort ganz bestimmt. Das glaube ich.«* (Tgb. 30. Dez. 1977)

So gilt für mich: »Wer Häuser oder Brüder oder Schwestern oder Vater oder Mutter oder Kinder oder Äcker verlässt um meines Namens willen, der wird's hundertfach empfangen und das ewige Leben erben« (Mt. 19,29).

Freude in mir, ein innerer Jubel, wieder eine »Bethel-Stunde«, aber auch das Wissen um das andere: *»Die Aufrichtigkeit wird sich in der Anfechtung beweisen«* (Tgb. 30. Dez. 1977). Es wird Anfechtung geben.

»Ich möchte Gott dienen – dazu möchte ich (oder soll ich?) Theologie studieren.« (Tgb. 12. Jan. 1978)

Im Januar 1978 fahre ich nach Naumburg. Es geht um die letzten Vorgespräche für die anstehende Aufnahmeprüfung. Es geht um konkrete Aufgaben und konkrete Termine.

Die Unsicherheit ist gewachsen. Ist der Weg, den ich im Blick habe, realistisch, richtig, im Willen Gottes für mich?

Zweifel an der Richtigkeit haben sich verstärkt. Die Aufnahmeprüfung soll den »Nachweis der menschlichen und geistigen Reife zum Theologiestudium erbringen«. Ich bin irritiert: Wird denn nach Geistlichem nicht gefragt?

Die Rückfahrt von Naumburg verläuft mit Hindernissen, völlig verrückt. Auf dem Rückweg, verursacht durch hohe Zugverspätungen, komme ich für die Nacht nicht mehr ans Ziel, sondern muss einen Zwischenhalt einlegen.

Ich lande am späten Abend im Schniewind-Haus. Ein »komischer Zufall«?!

Eins ist mir klar: Hier will ich nicht weg, bevor ich nicht Klarheit gewonnen habe!

Ich merke, es geht um mehr als um ein Abwägen von Für und Wider. Seiten solcher Überlegungen füllen schon meine Notizen. Aber in ihnen liegt nicht die Antwort.

»Wo liegt Jesu Wohlgefallen? Dort, wo sein Wohlgefallen auf uns ruht, ist ganz bestimmt Frieden in uns, mit uns. Dort gibt er Deckung. Dort ist Gewissheit ...« (Tgb. 13. Jan. 1978)

Ich gehe in die kleine Kapelle am Rande des Geländes. Dort bin ich allein mit Jesus. Die Zeit vergeht im lauten, offenen Gebet. Ich schütte mein Herz vor IHM aus, und dann tue ich das, wovon ich spüre, dass es letztlich sein Wunsch ist: Ich lege die Bücher aus der Hand und ergreife seine Hand. Es ist ein tiefer Schmerz in meinem Herzen. Tränen fließen. Ich hatte es bisher nicht wahrgenommen, wie fest ich schon die Bücher, die Theologie, das Studium, meine Zukunft in die Hand genommen habe. Loslassen. Hingeben. Es tut weh.

Ein Satz vom Frühstückstisch klingt in mir auf: »Halbe Opfer verbluten, ganze Opfer nimmt Gott an.« Ich spüre, wie sehr er letztlich darauf gewartet hat, dass ich es ihm opfere, was ich schon so fest hielt.

»Hat Jesus nicht in letzter Zeit mich schon öfter darauf hingewiesen? ›Da ist noch etwas zwischen mir und dir‹, und dieses Etwas hat letztlich die Harmonie zwischen ihm und mir nicht vollkommen werden lassen? ... Jetzt kann ich Jesus wieder ganz offen ansehen und weiß: Es ist ALLES!« (Tgb. 13. Jan. 1978)

Nach dem Kampf, nach den Tränen ist der Friede, der sich in mir ausbreitet, deutlichstes Zeugnis des Wohlgefallens Jesu.

Es war ein langer Weg zur Entscheidung, lang und mühsam. Aber es ist gut, jetzt zu merken: Wichtiger als alle Argumente ist das Hören auf die Stimme Jesu. Mir scheint, es ist ihm kostbar, dass ich loslasse, hergebe, damit ich nichts fester halte als ihn selbst. Auch wenn manchmal richtig fromm aussieht, was mich doch von ihm trennt.

Drittes Kapitel

Es geht um ALLES

> *»Geh hin, verkaufe alles, was du hast, und gib's den Armen, so wirst du einen Schatz im Himmel haben, und komm und folge mir nach.« (Mk. 10,21)*

»Nun, dann mach dich auf und such dir einen Platz in der Wüste« (Tgb. 21. April 1980), so heißt es am Ende eines Gespräches, in dem ich erzählt habe, was mich in letzter Zeit bewegt. Vor Wochen schon war ich über zwei Bibelworte gestolpert und konnte nicht »einfach so« wieder Tritt fassen. Ich war und blieb in Unruhe. Ich schwieg zunächst darüber, weil ich wusste, wenn ich anfange darüber zu reden, dann muss es Konsequenzen haben.

Da spricht Jesus zu dem jungen Mann, der schon »alles gehalten« hatte: »Eins fehlt dir ... verkaufe *alles*, was du hast ... komm und folge mir nach« (vgl. Mk. 10,17ff). Und Er spricht über die arme Witwe: »... Diese ... hat ihre ganze Habe eingelegt, *alles*, was sie zum Leben hatte« (vgl. Mk. 12,41ff).

»Schon oft habe ich gesagt: ›Herr, hier hast du mich ganz.‹ Und wenn ich mich umschaue, dann habe ich doch noch alles ... Ich möchte dies einfach alles mal hinter mir lassen und so auch meine vielen Zukunftsvarianten. Ich glaube, Gott will sich ganz anders Raum schaffen in mir, als ich mir das immer wieder vorstelle.« (Tgb. 29. April 1980)

Monate des vielen Fragens und des Suchens vergehen. Die Entscheidung steht: »Ich will dem Ruf folgen.« Es geht um ALLES, das ist mir klar. Aber wie kann und soll das aussehen?

Ich will nicht an einen Ort oder in einen Dienst gehen, wo ich einfach nur gebraucht werde, um einer Not abzuhelfen.

An einem solchen Ort bin ich ja schon. Seit Frühjahr 1979 arbeite ich nicht mehr im Krankenhaus in Lehnin, sondern in Ludwigslust. Die Personalnot dort ist so groß, dass ich mich im Jahr zuvor dafür entschieden hatte. Ich bin der Not gefolgt. Dies ist ein mögliches Entscheidungskriterium. Ich weiß aber, dass das für die Zukunft nicht der Maßstab sein kann. Ich weiß, dass es jetzt darum geht, nicht der Not, sondern dem Ruf Jesu zu folgen: »Komm, und folge mir nach.« Ich habe inzwischen gelernt: Nicht jede Not ist ein Ruf Gottes.

Es gibt viele Möglichkeiten und Pläne, wo ich noch eingesetzt werden könnte, wo etwas aus mir werden könnte. Vielleicht Medizinpädagogin, vielleicht Stationsschwester? Mein Weggang aus dem Dienst als Krankenschwester würde eine Lücke hinterlassen, »noch eine«! Für die Verantwortlichen ist so etwas wie meine Entscheidung eine ziemliche Zumutung. Es wird schwer werden, anderen meine Entscheidung verständlich zu machen. Deshalb warte ich auch, bevor ich anfange, darüber zu sprechen.

Ich weiß, es geht heraus aus dem Üblichen, dem Normalen, dem Sicheren, es geht »in die Wüste«. Aber wohin? Wie soll und kann das aussehen?

In der DDR war das nicht so einfach. Die Wege im Berufsleben waren relativ festgeschrieben. Man stieg nicht einfach aus. Man konnte nicht einfach »irgendwohin«, ins Ausland schon gar nicht. Die Möglichkeiten waren beschränkt.

In Ludwigslust im Stift tauchen immer mal wieder Gäste von »irgendwoher« auf. Die Internatsleiterin hat vielfältige Kontakte. Irgendwie gibt es in der DDR ein Netz zwischen den evangelikalen Christen der verschiedenen Bewegungen und Strömungen. Es gelingt, immer mal wieder ein Wochenendseminar zu biblischen oder seelsorgerlichen Themen anzubieten.

Diesmal ist ein Team von Operation Mobilisation (OM), einem international arbeitenden Missionswerk, zu Gast. Nigel ist Engländer, braucht Übersetzung ins Deutsche. Es hat etwas »Exotisches« für uns, dieser Hauch der großen, weiten Welt, der uns erreicht. Eigentlich ist es auch nicht erlaubt, solch ein Seminar mit Sprechern aus dem westlichen Ausland. Aber irgendwie geht es. Für uns ist es eine wichtige Zeit. Der Horizont weitet sich.

Unter anderem stellen sie anhand von Dias ihre Arbeit vor. Weltweit sind sie im missionarischen Einsatz unterwegs. Ein

Schwerpunktbereich sind zwei Schiffe, mit denen sie in Häfen anlegen und dort missionarisch und diakonisch arbeiten.

Nach diesem Vortrag sagt meine Mutter zu mir: »Wenn ich jung wäre, da wäre ich sofort dabei. Oder wenn du so etwas machen wolltest, ich wäre dafür.« Aber beide wissen wir, »wenn« es so wäre, es wäre doch nicht möglich. Die DDR-Situation lässt so etwas nicht zu. Wir dürfen nicht raus.

Und doch: Der Besuch von den OM-Leuten weckt in mir einmal mehr die Sehnsucht loszugehen.

Ein »missionarisches Jahr«. Das müsste doch gehen.

Uns fällt Eberhard Laue ein, verantwortlich im »Jungmännerwerk Thüringen«. (So hieß in der DDR das, was woanders CVJM heißt.) Bei ihm machen junge Männer ein Praktikum, ein »Jahr für Gott«, sind im Einsatz bei Evangelisationen, Rüstzeiten und Ähnlichem. Das wäre doch was für mich.

Am 14. Juli 1980 schreibe ich an ihn mit meinem Anliegen. Zwei Wochen später erhalte ich Antwort, aber nicht von ihm, sondern von einer mir unbekannten Familie aus Madelungen, einem kleinen Dorf bei Eisenach. Dieter ist Jugenddiakon in Eisenach. Mit einer 3-jährigen Tochter erwarten er und seine Frau jetzt die Geburt von Zwillingen. Der Umzug von Madelungen nach Eisenach soll im Herbst erfolgen. Die neue Wohnung ist noch zu renovieren. Sie beten um ein Hausmädchen. Etwas völlig Ungewöhnliches. So etwas gibt es nicht in der DDR. Angehörige und Freunde halten sie für ziemlich »verrückt«, so etwas überhaupt zu wollen. Sie lassen sich nicht beirren, und dann bekommen sie meinen Brief von E. Laue zugestellt. Zufall?

Als ich ihren Brief lese, habe ich nur zwei Gedanken: »Das ist überhaupt nicht das, was ich mir vorgestellt habe. Aber – das ist es!«

Freunde, die ich um ihr Votum bitte, bestätigen es mir. Eine sagt: »Astrid, du und Windeln waschen, ich kann es mir nicht vorstellen, aber das ist es.«

»*Das* ist es.« Jetzt wird es ernst, und ich muss darüber reden, muss die Formalitäten klären, muss im Krankenhaus meinen Weggang ordnen. Die Eisenacher Familie wünscht sich einen sehr baldigen Beginn. Aber ich habe ein Vierteljahr Kündigungsfrist.

Meine Eltern wissen von alledem noch nichts. Nun, ich bin ja schon 22 Jahre alt, aber jetzt ist es doch an der Zeit, sie in dieses Geschehen mit einzubeziehen.

Sie sind im Urlaub, das erste Mal gemeinsam im Westen, da für meinen Vater inzwischen der Ruhestand begonnen hat. Ich kann sie nur brieflich erreichen. Ich versuche ihnen den Weg durch die vergangenen Monate zu erklären, nicht ohne das Bemühen, mich zu entschuldigen, dass sie es erst so spät erfahren: *»... Wenn Jesus für mich gestorben ist, kann ich nicht so weiterleben wie bisher – dann ist für mich mit Nachfolge nicht nur ein Weg gemeint, auf dem ich alles habe und Gott diene, sondern mehr. Dann gilt der totale Anspruch Gottes ... mir ... Ich möchte zunächst ein missionarisch-diakonisches Jahr machen. Es ist im Grunde eine Mini-Antwort ... ein Beginn, ein kleiner Schritt aus dem üblich gesicherten Reichtum, geregelter Freizeit usw. heraus ... Es ist eine Zeit, weiter zu prüfen, was Gottes Anspruch an mich ist, und eine Zeit, in der Praxis zu lernen.«* (Tgb. 10. Aug. 1980)

Die Antwort kommt noch aus dem Urlaub, sehr wohl mit einem Schmerz darüber, dass sie erst so spät von mir ins Vertrauen gezogen wurden. Zunächst meine Mutter: *»... Ich weiß, dass Eltern zurückzustehen haben, und wenn man es nicht kann, muss man es eben lernen! ... Wenn du meinst, dass du den Weg ›mal raus‹ gehen sollst – möchtest, willst –, werden wir dir nichts in den Weg legen, und können wir dir ja auch gar nichts in den Weg legen. Ein Praktikum in solch einer Familie ist für dich gewiss in manch einer Hinsicht gut, bereichernd und klärend. Letzteres aber wohl nur, wenn du nicht doch irgendwie zu festgelegt bist und introvertiert. Wenn man sucht, muss man ja wirklich offen sein!*

Vielleicht ist es auch ganz schön mutig, jetzt mal solch einen Schritt zu tun. Du weißt ja wirklich nicht, was dich erwartet. Also denn mal ›Aufwärts froh den Blick gewandt und vorwärts fest den Schritt, wir gehen an unsres Herrn Hand und unser Herr geht mit‹ ...«

Darunter ein Zusatz meines Vaters: *»... Du musst dein Leben ja selber ausprobieren, und deine Grundsätze sind richtig. Nur, ›wem viel anvertraut ist, von dem wird auch viel gefordert‹. Und der HERR wird* *noch viel von dir fordern. Du darfst mit dem Schritt zum Wenigen, den du jetzt tust, dem Viel nicht auf die Dauer ausweichen ...«* (Tgb. 16. Aug. 1980)

Ich danke Gott für meine weisen Eltern.

Dann geht alles sehr schnell. Die Verantwortlichen stimmen, wenn auch schweren Herzens, einem Aufhebungsvertrag zu, so dass das Vierteljahr Kündigungsfrist nicht eingehalten werden muss. Am 15. September beende ich meine Krankenschwesternzeit mit einer Nachtwache. Zum festlich-fröhlichen Ausklang habe ich keine Gelegenheit. Schon morgens, noch mehr mittags, als ich aufstehen will, habe ich eine dramatische Schwindelattacke. Alles dreht sich rasend schnell. Als ich meinen Kopf hebe, dreht sich auch der Magen. Es bleibt nur eins: ganz still liegen bleiben, Augen zu. Die Ärzte meinen: Infekt. Nach drei Tagen ist alles wieder normal.

Mit der Entscheidung, statt Krankenschwester jetzt (erst mal) Hausmädchen zu sein, treffe ich eine Grundsatzentscheidung, die andere Entscheidungen nachhaltig prägt.

Es geht um ALLES. Das ist keine »fromme Theorie«, sondern die Herausforderung zu praktischen Konsequenzen.

Es ist mir bewusst: *»Ich verkaufe nicht alles.«* Aber ich bin bereit, auch ohne das Viele zu leben: *»Nichts ist mein Eigentum – alles ist dein. Verfüge du, HERR, was ich behalten und gebrauchen soll, was ich weggeben soll. Lass alles Mittel zum Dienst sein.«* (Tgb. 24. Sept. 1980)

Am 25. September gehe ich auf große Reise. Von Ludwigslust nach Eisenach, in der ehemaligen DDR, ist das fast eine Weltreise. Eisenach liegt nah an der Westgrenze. Schon Kilometer zuvor steigen Grenzbeamte ein. Ausweiskontrolle. Jeder Reisende, der jetzt noch im Zug sitzt, wird befragt, warum und wohin. Man kann ja nicht wissen, wer hier die Absicht hat, die Republik zu verlassen. – Ich mit meinem großen Rucksack bin natürlich nicht ganz unverdächtig. Meine Antworten auf ihre Fragen reichen aber aus, dass ich in Ruhe weiterfahren kann.

In Eisenach steige ich aus. Ich kenne mein Ziel nicht, auch nicht die, die mich jetzt erwarten. Im Brief habe ich geschrieben: »Gelbe Regenjacke, Rucksack und Gitarre.« Das reicht. Wir finden uns ganz schnell.

Thekla, die 3-jährige Tochter, ist begeistert. Ein neues Familienmitglied. Sie ist aufgeweckt und weiß schon viel zu erzählen. Mit dem Trabi geht's nach Madelungen, einem kleinen Dorf. Noch wohnt die Familie im dortigen Pfarrhaus, groß und kalt, jedenfalls was die Räume betrifft.

Die ersten Tage gibt es eigentlich nur einen Programmpunkt: Pflaumen pflücken, Pflaumen entsteinen, Pflaumenkompott, Pflaumenkuchen, Pflaumenmus. Alles Pflaume.

Neben der Arbeit lernen wir uns kennen. Die harmonische Atmosphäre, das Miteinander von Dieter und Uta, ihr Umgang mit den Kindern, das alles gefällt mir. Neben Thekla sind da die Zwillinge, Tobias und Maria, gerade einen Monat alt geworden.

Es gefällt mir, auch wenn vieles völlig ungewohnt ist. Mit Windelnwaschen hatte ich zuvor tatsächlich noch nie etwas zu tun. Jetzt gehört es zum Tagesprogramm dazu.

Ich bin schnell zu Hause in meiner »neuen Familie«.

Immerzu sind Gäste da. Das bewundere ich an Uta: Eigentlich ist gar nichts da. Und doch gibt es aus Nichts schon wieder ein super Essen. Gastfreundschaft prägt dieses Haus.

Ich merke aber auch, was mir fehlt und was ich vermisse. Solch ein altes Dorfpfarrhaus hat schon seine Besonderheiten. Es ist vieles viel einfacher als das, was ich kenne. Und solch intensives Familienleben bin ich auch nicht so recht gewohnt. Immerzu ist was los. Viel Luft zum Luftholen bleibt da nicht. Aber ich habe den Boden eines klaren JA zu diesem Weg unter den Füßen. Darauf kann ich stehen und fröhlich gehen; auch in die Hausarbeit hinein, die für mich bisher *»ein Übel war, das ich lieber anderen überließ«* (Tgb. 27. Sept. 1980).

Schwierig ist es, die Anstellungs- und Gehaltsfrage zu klären. Gerade daran wird noch einmal deutlich, dass der Weg, den ich gehe, wirklich im »gesellschaftlichen Abseits« liegt. Es braucht ein Vierteljahr, bis eine Möglichkeit dafür gefunden und das alles »in Tüten« ist. Das Diakonissenmutterhaus in Eisenach übernimmt die Anstellung und führt die Sozialbeiträge für mich ab. Das Geld erstatte ich zurück. Finanziert werde ich von den

Schwestern des Bibelkreises in Lehnin, zu denen ich nach wie vor gehöre. Sie haben meinen Weg zu dem ihren gemacht und neben der geistlichen Begleitung nun auch die Finanzierung übernommen.

Schwestern meiner ehemaligen Station berichten mir kurz nach meinem Ausstieg von einer generellen Gehaltserhöhung für mittleres medizinisches Personal. Jetzt würde es sich lohnen, Krankenschwester zu sein, und dann noch im 3-Schicht-System. Ich habe mich für anderes entschieden.

Erst zwei Monate bin ich in meinem neuen Stand. Da wird alles in Frage gestellt.

An einem Nachmittag, kurz nach dem Umzug in die Stadt, noch mitten in aller Arbeit – plötzlich stehen die Eltern in der Wohnung. Sie haben die Zwillinge aus dem Wagen im Garten geholt. Maria, das Mädchen, tot. Unfassbar. Unabänderlich. »Plötzlicher Kindstod.« Niemand weiß warum, woher, wie. Mein Vater schreibt: *»Es gibt nichts, was unser Leben so vertieft wie die Begegnung mit der Allgewalt des Todes, aber weil wir von der Wirklichkeit des Lebens jenseits der Todesgrenze wissen, weil wir den auferstandenen und lebendigen HERRN kennen, wird die Dunkelheit überstrahlt von der Barmherzigkeit Gottes und dem Licht des Lebens, das in Jesus ist ... Sagt nichts vom ›hätte‹ und ›wenn‹, sondern werdet miteinander still unter der dritten Bitte des Vaterunsers. ›Jetzt wissen wir nicht, aber wir werden es hernach erfahren.‹ Leid verbindet, Leid entwickelt Kräfte, Leid bevollmächtigt. Ihr werdet das miteinander erfahren und erleben ... Ich hab es dir ja schon am Telefon gesagt, auch deshalb hat dich der HERR nach Eisenach geführt, damit du in diesen Tagen da bist und nach deinen Kräften das Trostamt übernimmst. Der HERR hat dich dazu bestimmt, und ER schenkt dir Kraft und Vollmacht dazu. Unsere Mutter weint mit dir, und ich bete für euch ...« (Brief meines Vaters vom 25. Nov. 1980, dem Todestag der kleinen Maria)*

Wenn in diesen Tagen auch viele Fragen offen bleiben, so ist doch das eine für die Eltern des Kindes und für mich ganz klar: »Wir wissen aber, dass denen, die Gott lieben, alle Dinge zum Besten dienen« (Röm. 8,28). Wir stehen nicht unter der Macht eines blind wütenden Schicksals, sondern in der Hand eines Gottes, der uns liebt und den wir lieben.

Alles wird erschüttert in diesen Tagen. Aber, und das ist das Wunderbare, Advent steht unmittelbar bevor, und das Licht dieser Zeit erhellt den Weg. Es wird eine besondere Advents- und Weihnachtszeit. Eins begreifen wir in diesen Wochen tiefer denn je: *»Weihnachten ist wie ein Schlüsselloch, durch das auf den Erdenweg ein Schein aus der ewigen Heimat fällt«* (Fr. v. Bodelschwingh).

In der Konfrontation mit dem Tod ist die Herausforderung für den Glauben am stärksten. Hier *muss* sich bewähren, was wir glauben. Hier *kann* es sich bewähren.

Es geht in unserem Glauben nicht um »fromme Welttheorien«, sondern um Lebenspraxis, darum, das Leben *anders* zu bestehen. Und wer das Leben anders besteht, wird auch den Tod anders bewältigen können, den eigenen und den von lieben Menschen.

Auch wenn es mir zunächst fast unmöglich erscheint, dass das Leben jetzt »einfach so« weitergeht, auch wenn Schmerz und Trauer zunächst Raum brauchen, merke ich in dieser Zeit etwas von dem, was durch die Beziehung zu Jesus Christus in unserem Leben wirklich anders ist als ohne Ihn. Das Leben steht in einem anderen Licht.

Der entscheidende Grund für das Hausmädchen in der Familie waren die besonderen Herausforderungen gewesen: die Wohnungsrenovierung, der Umzug, die Zwillinge. Das alles ist nun vorbei.

Und nun? Für mich bleibt die Frage »bleiben oder gehen?« bestehen.

Gemeinsam treffen wir die Entscheidung: bleiben. Das heißt, ich bleibe zugehörig zur Familie. Ich bleibe, wie geplant, bis zum nächsten Sommer in dem gerade geklärten Anstellungsverhältnis. Gemeinsam werden wir jeweils entscheiden, wie mein Dienst konkret aussehen wird.

In dieser Situation prägt sich ein Wort tief in mich ein, das für mich ein hoher geistlicher Lebenswert wird: Verfügbarkeit.

Hier empfinde ich etwas von dem, was zu meiner Berufung dazugehört und was ich jetzt intensiv leben kann. In sieben Wochen bin ich an acht verschiedenen Orten, im Sommer dann in sechs Wochen an elf verschiedenen Orten in ganz verschiedenen Diensten, in Küchen, Familien, Evangelisationsmannschaften, Rüstzeiten. Viele kleine und große Abenteuer, die mein Leben bereichern mit kleinen und großen Glaubenserfahrungen.

Eine Familie braucht für vier Wochen eine »Ersatzmama«, damit die Mutter zur Kur kann. Da bin ich genau die Richtige, die einspringen kann. Vier Wochen Haushaltsführung, Essen kochen, mit den Kindern Schularbeiten machen, Gäste empfangen. Oft hole ich tief Luft. Es ist ein fremdes Terrain für mich. Aber es geht, o Wunder!

Wir fahren zu einer Thüringer Jugendrüstzeit an einen brandenburgischen See. In einem kleinen Team haben wir die Zeit inhaltlich vorbereitet, die Dienste unter uns aufgeteilt. Bei der Ankunft stellen wir fest, dass wir einen Mitarbeiter für die Küche zu stellen haben. Irgendwie war diese Information bei uns verloren gegangen, nicht berücksichtigt worden. Kein Thema! Ich nehme den Platz ein. Das ist Verfügbarkeit.

Meine Aufzeichnungen aus dieser Zeit begeistern mich. Damals habe ich gelernt und geübt, alles vor und mit meinem Gott zu erleben, zu bewegen und zu bewältigen.

Im Lehniner Bibelkreis gibt es inzwischen »eine Neue«. Gabriele ist Buchhändlerin und kommt aus Potsdam. Durch ihre Schwestern, die in Lehnin Krankenschwestern sind, ist der Kontakt entstanden. Jetzt kommt sie jede Woche mit dem Bus nach Lehnin und gehört dazu.

Auch wenn wir uns noch gar nicht kennen, haben wir etwas gemeinsam. Es ist die Frage nach der Zukunft. Gabriele weiß, dass es gut ist, wenn sie in der Buchhandlung aufhört. Meine Zeit als Hausmädchen in Eisenach geht dem Ende entgegen.

Gemeinsam mit jeder von uns fragen, beten, hören die Lehniner Schwestern.

Das Ergebnis: Gabriele und ich gehen auf ein gemeinsames

Leben und Arbeiten ab September 1981 in Halle-Neustadt zu. Eine sozialistische Satellitenstadt, seit 1967 im Entstehen, jetzt mit 97.000 Einwohnern.

»Die Kleine und die Große«, so kann man uns beschreiben. Gabriele ist bestimmt einen Kopf größer, was bei meinen nur 156 cm Länge ja kein Kunststück ist. Da sie sehr schlank ist, sieht es nach noch mehr aus. Wir bekommen eine wunderschöne Dachwohnung in Halle-Dölau auf einem Grundstück, das der Kirchengemeinde gehört. Unter uns wohnen in jeweils einer Etage zwei Pfarrfamilien, die in Neustadt im Dienst sind. Wenn wir nicht gerade mit ihnen im Trabi mitfahren können, dann gehen wir zur S-Bahn, mit der wir in wenigen Minuten in Neustadt ankommen.

Ein neues Abenteuer beginnt, vermutlich wieder für ein Jahr. *»Ich selbst sehe das jetzt nicht mehr so begrenzt; was ich jetzt beginne, tue ich auf Abruf, aber nicht festgelegt auf ein Jahr.«* (Tgb. 27. Juni 1981)

Verfügbarkeit – das bleibt die Überschrift für meinen weiteren Weg.

- *»Wir müssen Klarheit haben über unser Ziel, das wir für unseren Dienst, für unser Leben haben.*
- *Wir müssen wissen, warum wir das tun, was wir tun.*
- *Wir können und müssen uns motivieren lassen von der Liebe Jesu, von der Gnade Gottes für unseren Dienst.*
- *Gebet und Arbeit gehören zusammen. Es nutzt nichts, zu beten, ohne zu arbeiten oder zu arbeiten, ohne zu beten.*
- *Es ist eine große Chance, zu zweit zu sein.*
- *Unser Ziel muss es sein, andere vor dem Abgrund zu retten, so dass veränderte Menschen zurückbleiben.*
- *Wir müssen von Jesus lernen – seine Art, Menschen zu erreichen, zu lehren, zu verändern durch Liebe, Gebet und Gemeinschaft mit ihnen.*
- *Wir sollen und müssen Missionare sein, bereit zum Zeugnis.«* (Tgb. 13. Aug. 1981)

Das sind die Ergebnisse einer Rüstzeit, die ich gemeinsam mit Gabriele erlebe. Wir halten sie fest als wichtige Grundlagen für den gemeinsamen Weg, der nun vor uns liegt.

Die Lehniner Schwestern senden uns in diesen Dienst.

Die Kirchengemeinde Halle-Neustadt bietet uns Raum zum Leben und Arbeiten. Gemeinsam bekommen wir das Gehalt des Katecheten, der zurzeit bei der NVA (Nationale Volksarmee) ist. Hier musste jeder junge Mann 18 Monate Wehrpflicht absolvieren. Für die, die den Dienst mit der Waffe ablehnten, gab es die so genannten Bausoldaten.

Unser Ziel, unsere Absicht ist es, *»nicht die Leute zu bekehren, sondern sie durch uns mit Jesus in Berührung zu bringen; in ihre Welt Licht von oben zu bringen – zuallererst nicht durch das, was wir sagen, sondern durch das, was wir sind«* (Tgb. 12. Juni 1981).

Unzählig viele Besuche machen wir in der Zeit dort. »Eine Kirche hier in Halle-Neustadt, wo denn?« Immer wieder erleben wir, wie Leute uns ungläubig anschauen. Eine Kirche haben sie hier noch nicht entdeckt. Und gefehlt hat sie ihnen auch nicht. Die Dorfkirche des ursprünglichen Dorfes ist zwischen den Hochhäusern auch wirklich nicht zu sehen. Und bei vielleicht 5 % Kirchenzugehörigkeit ist die Kirchengemeinde auch wahrlich keine gesellschaftlich relevante Gruppe in dieser Stadt.

Kindertreffs, Kindertage (Kita), Junge Gemeinde (JG), Nachmittage für Ältere (NfÄ) – vermutlich habe ich meine Vorliebe für Abkürzungen in der Zeit dort gelernt – ein volles Programm für »ungelernte Hilfsarbeiter« wie uns.

Und noch etwas: verrückte Ideen für Familiengottesdienste. Das ist immer eine Riesenaktion.

In einem solchen Gottesdienst geht es zum Beispiel um das Wort Jesu: »Ihr seid das Salz der Erde« (Mt. 5,13). Da wird am Samstag ein großer Topf Suppe gekocht, natürlich ohne Salz. Mal sehen, wie es der Gemeinde am Sonntag schmeckt!

Ich profitiere davon. »Es muss nicht immer so sein, wie es immer ist.« Das merke ich mir.

Viertes Kapitel

Kopf und Herz

»Siehe, ich bin des HERRN Magd, mir geschehe, wie du gesagt hast.« (Lk. 1,38)

»Wenn du Theologie studieren willst, dann brauchst du drei Dinge: eine Gemeinschaft, in der du zu Hause bist, jemanden, der dich seelsorgerlich begleitet, und jemand, der dich theologisch berät. Das muss jemand sein, der den Weg durchs Studium gegangen ist, sich mit Theologie auseinander gesetzt hat und dabei im geistlichen Leben gewachsen ist.«

Diesen Rat bekomme ich von Ruth Zacharias, der Leiterin des Taubblindendienstes. Ich kann erleichtert abhaken:

- Gemeinschaft, die habe ich immer noch in Lehnin, dort bin ich zu Hause, verbindlich dazugehörig. Die Schwestern dort haben nicht nur mein Jahr als Hausmädchen finanziert, Gabriele und mich in den »Gemeindehilfsdienst« nach Halle-Neustadt gesandt. Sie haben dann auch, als es wieder mal um die Frage ging: Wie geht es denn nun weiter?, gesagt: »Jetzt Theologie studieren ... Wie wär's? Ist das jetzt vielleicht dran?«

Das, was vor Jahren in meinem Herzen zu leben begonnen hatte, der Gedanke, Theologie zu studieren, dann aber sterben musste, kommt nun zu neuem Leben. Und jetzt kommt alles zusammen, was ich Jahre zuvor als Kennzeichen für Berufung notiert hatte (vgl. 2. Kap.). Jetzt ist da zum einen der *innere Ruf Gottes in meinem Herzen* und zum anderen das Zeugnis und *der Ruf der Gemeinschaft*, in die ich gehöre.

Das sind jetzt ganz andere Voraussetzungen für diesen Weg, als sie es vor Jahren gewesen wären, zumal ich selbst in den vergangenen vier »Lehr- und Wanderjahren« im Leben und Glauben gewachsen und gereift bin.

- Jemanden, der mich seelsorgerlich begleitet – habe ich auch. Ich bin nicht mir selbst überlassen, meinen Gefühlen, Zweifeln, meinem Versagen und guten Vorsätzen. Sondern immer wieder bin ich an dem Punkt, wo ich das Gespräch brauche, Schuld bekenne, Fragen stelle, Korrektur und Ermutigung erfahre. Und dann geht es weiter, mit neuer Freude, in erneuerter Hingabe, mit neuer Gewissheit.

- Jemand, der mich theologisch berät – von ihr, die diesen Dienst übernimmt, stammt dieser Rat: »Drei Dinge braucht der Mensch, wenn er oder sie Theologie studieren will ...« – Wobei, darin sind wir uns einig, eine »Sie« diese Frage noch viel genauer prüfen muss als ein »Er«, ob es denn wirklich der Weg ist, der zu gehen ist.

Ruth Zacharias, blind seit ihrem 12. Lebensjahr, hatte vor Jahren am Paulinum studiert. Sie baute den Taubblindendienst in der DDR auf und leitet diese besondere Arbeit für Menschen, die nicht (mehr) sehen und nicht (mehr) hören können.

Bei aller Distanz zu einer Theologie, die nur auf der historisch-kritischen Methode der Schriftauslegung basiert, vermittelt sie mir eine dennoch unbefangene Freude an der Theologie und ermutigt mich, diese Zeit des Studiums intensiv zu nutzen.

Ich beginne im September 1982 das Theologiestudium auf dem so genannten 2. Bildungsweg an der Predigerschule Paulinum in Berlin. Hier studieren Leute, die wie ich kein Abitur haben, dafür aber eine abgeschlossene Berufsausbildung und weithin auch Berufspraxis. Ich bin also unter meinesgleichen. Das war auch eins der wesentlichen Argumente für mich, jetzt hier und nicht an einer Hochschule zu studieren.

Das Paulinum entstand in der Zeit der Bekennenden Kirche. Es war gegründet auf solidem Boden des Glaubens und der Glaubenspraxis, das merkt man zumindest dann, wenn man den Vergleich mit anderen Ausbildungsstätten hat.

Das Studium fordert mich auf vielfache Weise heraus. Es macht mir Spaß, wieder lernen zu können. Natürlich ist im Studium der hauptsächlich strapazierte Körperteil der Kopf (nicht von ungefähr nennen manche die Theologie-Studierenden liebevoll »Kopffüßler«). Mich fordern die Treffen mit den Lehniner Schwestern immer wieder ganz anders heraus. Hier muss ich mich der Frage nach meinem Herzen stellen. Hier geht es viel mehr um die Beziehung, die Beziehung meines Herzens zu dem, dem mein Herz ja längst gehört. Immer wieder die Frage: Wie steht es um dein Herz?

»Ich entdecke meinen Stolz. Ich weiß, dass Gott ein stolzes Herz nicht gefällt. Ich will aber Gott gefallen – deshalb strenge ich mich an und tue dies und das, um zu erreichen, dass ich Gott gefalle. Ich will etwas von IHM haben. Aber das ist keine Liebe! Ich glaube, dass ich Gott gar nicht kenne. Ich mag viel wissen, aber ich kenne ihn nicht.« (Tgb. 1. Januar 1983)

Welch treffende Beschreibung: Trotz jahrelangen Christseins, klaren geistlichen Entscheidungen, trotz Hingabe und Dienst, trotz intensiver geistlicher Gemeinschaft und jetzt im Theologiestudium. »Ich kenne Ihn nicht.«

Meine Sehnsucht wächst, Ihn besser und tiefer kennen zu lernen. Das führt immer wieder in innere Krisen. Ich bin mit mir selbst konfrontiert, meiner »alten Art«, Selbstsucht, Stolz, Verschlossenheit anderen gegenüber, Gott gegenüber. Sünde zu bekennen und Vergebung zu empfangen, das lässt mich immer wieder erneuert und erfrischend die Liebe und Nähe Gottes erfahren.

Seminararbeiten schreiben, das sind für mich Höhepunkte. Da brauche ich nichts anderes. Schlaf, Essen, Pausen – alles wird drastisch reduziert. »Wohl dem, der ... Lust hat am Gesetz des HERRN und sinnt über seinem Gesetz Tag und Nacht ...« (Psalm 1,1ff). So komme ich mir vor. Das genieße ich zutiefst, Tag und Nacht über dem Wort Gottes zu sitzen. Dabei mache ich immer wieder die überraschende Erfahrung: Das Wort Gottes gibt Licht und Leben.

Aber auch ich komme bei all dem, was theologische Arbeit weithin ausmacht, und bei all den Fragen, die sich da auftun, in eine Krise und erwäge zwischenzeitlich das Studium abzubrechen. Da ist mir, als ob Gott ungefähr so zu mir spricht: »Astrid, so lange du dich vor mir beugst und vor mir niederknien kannst, so lange ist es gut. Suche mich mit deinem Herzen. Dann kann all das, was in deinem Kopf ist, dich nicht hindern, eins mit Mir zu sein.«

Es geht in dieser Zeit letztlich nicht nur um die Wissensfrage, sondern zutiefst um die Beziehungsfrage, um die Beziehung zwischen Gott und mir. Um mich da immer wieder einzufinden, darin zu wachsen, dafür sind eben diese *»drei Dinge«* so wichtig und hilfreich.

Es ist nicht zu leugnen, dass gerade unter »Frommen« manchmal »mehr Einlegung als Auslegung« betrieben wird und man damit dem biblischen Befund nicht gerecht wird. Da können die Übung des *genauen* Hinhörens und das Handwerkszeug der exegetischen Methoden helfen. Aber das andere kommt genauso hinzu: Es kann nicht sein oder gar dabei bleiben, dass *ich* lediglich den biblischen Text historisch-kritisch in Frage stelle, sondern immer noch und immer wieder muss das biblische Wort *mich* in Frage stellen dürfen.

»Wer kritisiert hier wen?« – das ist auf Dauer eine entscheidende Frage.

Ich brauche das Gespräch um und über die Theologie. Ich will nicht »alles schlucken«, was mir geboten wird, aber auch nicht einfach »ausspucken«, sondern »durchkauen und verdauen«. Nur dann werde ich später nicht Steine, sondern Brot weiterreichen können.

»14 Tage – 103 Stunden. Ein Grund zu feiern. Die Arbeit ist fertig … Wie reich bin ich beschenkt worden.« (Tgb. 4. Juli 1985)

In den Sommerferien vor dem letzten Studienjahr schreibe ich eine Arbeit, die für mich sehr bedeutsam wird: »Das charismatische Gemeindeverständnis bei Paulus und seine Ausstrahlung auf die Geistliche Gemeinde-Erneuerung heute«. Die GGE ist die charismatische Bewegung innerhalb der Evangelischen Kirche Deutschlands.

Ganz intensiv »wühle« ich bei Paulus. Das packt mich, gerade das, was er in 1. Korinther 14 über Sprachenrede und Prophetie schreibt. Ich frage mich, wo manche Kommentatoren ihre Übersetzung »ekstatisches Sprechen« hernehmen, und warum sie meinen, dass dann, »wenn der Verstand keine Frucht bringt«, das Geschehen sozusagen sinnlos ist.

Ich entdecke in der Glossolalie das Geheimnis, das zwischen

Gott und Mensch seinen Platz hat und behalten muss. Es muss nicht alles intellektuell ergründbar sein. Was sich meinem Verstehen entzieht, ist noch lange nicht unbedeutend oder gar verwerflich!

Ich schließe den Abschnitt über die Glossolalie ab mit einem Wort, das mich in dem Zusammenhang sehr bewegt: *»Es gibt Dinge, die sind für den Verstand nicht fassbar. Sie sind deshalb zu groß für ihn, weil sie das Maß der Liebe haben.«**

Ich bin überzeugt, wenn unser Glaube in dieses Maß nicht hineinwächst, dann ist doch alles umsonst (1. Kor. 13). Und alle Theologie – ja, was ist sie dann? Vielleicht noch Logik, logisch, aber tödlich.

Vielleicht ein ungewöhnlicher Weg; aber mein Weg in die charismatische Bewegung hinein geht im Wesentlichen über die theologische Arbeit. Zwar bin ich in den Monaten zuvor punktuell immer mehr mit Leuten aus der »charismatischen Szene« zusammengekommen, zum Beispiel als Teilnehmerin der »Überkonfessionellen Tagung für Geistliche Gemeindeerneuerung« in Berlin, aber die entscheidende Entdeckung, dass ich sage: »Das ist mein Platz, das ist das, was ich will und glaube und lebe« – das kommt mir bei dieser Seminararbeit. Wobei ich natürlich schon Jahre zuvor, ohne so recht zu wissen, was das ist, zum »Charismatiker« geworden war, als ich 1976 im Schniewind-Haus die Gabe des Sprachengebets empfing. Da war im Grunde schon passiert, was ich jetzt begann zu verstehen. Nun, hier ist letztlich der Sinn von Theologie zutiefst erfüllt: *»Denn ich suche nicht zu verstehen, damit ich glaube; sondern ich glaube, damit ich verstehe. Denn auch das glaube ich, dass, wenn ich nicht glaubte, ich auch nicht verstünde.«* (Anselm von Canterbury)**

Mir wird und bleibt es seitdem wichtig: Der Glaube als eine Beziehung zum lebendigen Gott ist und bleibt dem Denken und Verstehen übergeordnet.

* A. v. Speyr in F. Kuntner (Hrsg.), *Geistliche Gemeinde-Erneuerung. Amtliches Dokument, in Erneuerung in Kirche und Gesellschaft*, Heft 22/1985, S. 25

** Anselm von Canterbury, ein Theologe des Mittelalters in Proslogion, vgl. 1. Kapitel

Für einen Studienkollegen und mich ist das Erleben des eigenen Defizits und Bedarfs Anstoß, andere Studenten zu gemeinsamen Wochenenden einzuladen. »Wir empfangen im Studium viel theologische Bildung, aber wie steht es um die geistliche Zurüstung im Blick auf unseren späteren Dienst?« Das empfinden wir als Kernproblem, dem wir uns stellen wollen.

Wir laden ein, bereiten vor, beten. Am 15./16. Juni 1985 findet das erste »Theologiestudenten-Wochenende«, wie wir es nennen, statt. Sieben Studenten nehmen daran teil. Inhaltlicher Schwerpunkt: Reich Gottes. Wir hören Kassetten mit Referaten von Wolfram Kopfermann, zu der Zeit noch Pfarrer in der Evang. Landeskirche Nordelbien. Diese Kassetten hat Ruth Zacharias, die Pastorin vom Taubblindendienst, vom Westen in die DDR geschmuggelt. Ihre durch ihre »Invalidität« möglichen Westreisen waren immer wieder eine gute Gelegenheit, wertvolle Impulse und Inhalte aus Büchern oder Kassetten, deren Einfuhr verboten war, ins Land zu schaffen und zu verbreiten.

Ein halbes Jahr später sind es 21 Studenten, die unserer Einladung folgen. Wir merken, hier hat uns Gott etwas Wichtiges aufgetragen und Kostbares anvertraut. Aus diesen kleinen Anfängen entwickelt sich ein Netz, das sich zwischen Theologiestudierenden an den verschiedenen Ausbildungsstätten in der DDR ausbreitet. Wir suchen uns ein Dach für diese Arbeit, das wir im damaligen »Borsdorfer Konvent« finden. Später heißt er dann »Arbeitskreis für Geistliche Gemeinde-Erneuerung in der Evangelischen Kirche in der DDR« und ist die Entsprechung zum so genannten »Koordinierungsausschuss der Geistlichen Gemeinde-Erneuerung in der Evangelischen Kirche in Deutschland«.

Bei Ost-West-Begegnungen, die es zwischen diesen Gremien jährlich gibt, sind wir die »große Entdeckung« für die Geschwister aus dem Westen. Hier hatte im Osten unter Studenten etwas begonnen und schon Gestalt angenommen, was im Westen gerade erst in den Blick der Verantwortlichen der GGE gekommen war.

Nach der Vereinigung Deutschlands finden sich Leute, die im Umfeld von Theologie-Studierenden engagiert sind, mit dem Anliegen zusammen, eine deutschlandweite Arbeit aufzubauen. Die Strukturen, die sich im Osten über die Jahre schon herausgebildet haben, können übernommen und ausgebaut werden. Als im Frühjahr 1991 die 1. gemeinsame Tagung für Theologie-Studierende im Schniewind-Haus stattfindet, bekommt diese nun gewachsene Arbeit beim Rückblick auf das gemeinsame Erleben ganz unverhofft einen neuen Namen. Begeistert äußert jemand: »Das war doch hier wie in dem alten Kirchenlied ›Kopf und Herz vereint zusammen‹.« Schallendes Gelächter und tiefer Ernst. Dieses Kirchenlied heißt zwar »Herz und Herz vereint zusammen«, aber unser Anliegen ist wirklich treffend beschrieben mit »Kopf und Herz vereint zusammen«. Die Verbindung zwischen wissenschaftlicher Theologie und geistlichem Leben in Vollmacht zu gewinnen, zu fördern und zu pflegen, das war und ist Anliegen dieser Arbeit.

Durch die Beziehung zu Ruth Zacharias komme ich in Kontakt mit einer für mich bis dahin völlig unbekannten, fremden Welt. In den Semesterferien arbeite ich mit bei Rüstzeiten für taubblinde Menschen. So schwierig, wie ich mir vorher vorstellte, wie das gehen soll (zwei Wochen mit Menschen zusammen sein, die nicht sehen, nicht hören, weithin auch nicht sprechen können – wie und was soll da geschehen?), so schwierig finde ich es dann auch, anderen davon zu erzählen, wie es war. Einfach erstaunlich, was da alles geschehen kann.

Taubblindheit – es gibt keine tiefere Einsamkeit als diese. Dem taubblinden Menschen bleiben, da die allermeisten Sinneswahrnehmungen durch Auge und Ohr stattfinden, nur 5 % der Wahrnehmung. Einsamkeit in höchster Form – und das endgültig. Da relativiert sich vieles, was es sonst an Einsamkeit auch noch gibt.

Und dann erleben, wie diese Einsamkeit durchbrochen wird – Spiele, Tanz, Verkündigung, Gespräch. Das alles ist möglich, wenn Menschen da sind, die sich diesem Dienst stellen. *»Jesus kommt zu den Schwachen, zu denen in Finsternis, zu denen, die gefangen sind. Schwachheit ist keine Schande, sondern der ganz besondere Raum für die Liebe Gottes.«* (Tgb. 21. Juli 1983)

Als Helfer für solch eine Freizeit muss ich vorher das Lormen gelernt haben, ein Fingeralphabet. Jeder Buchstabe des Alphabets hat ein bestimmtes Zeichen auf der Handinnenfläche. So funktioniert die Unterhaltung mit den Taubblinden, jedenfalls mit denen, die diese Sprache verstehen. Für andere braucht es manchmal viel Liebe, Phantasie und Geduld, um eine Verständigungsmöglichkeit zu finden.

Herr Renger zum Beispiel, schon lange taubblind, lebt in einem Heim in Karl-Marx-Stadt. Wenn man ihn berührt, geht ein Strahlen über sein Gesicht, und sofort kommt das mühsam verstehbare »Wer?«, unterstützt durch ein kräftiges Achselzucken. Mit langsamen Zeichen in seine Hand erfährt er den Namen, den er mehrmals wiederholt. Er, der sonst nur traurig dasitzt, strahlt nun bei solch einer Begegnung.

Oder Siegfried, wie ihn alle freundschaftlich nennen. Vielleicht wirklich fast zwei Meter groß? Ein »Schnellhörer« ist er – mit seinen Händen. Die Helfer, die ihm zugeteilt werden, sind die »Profis«. Da fliegen die Finger nur so über seine Hand. Und er versteht gut. Was mich völlig verblüfft: Ein Händedruck, und er weiß sofort, wer aus der Gruppe ihn da gerade begrüßt.

Ich bekomme in diesen zwei Wochen Lektionen in ganz praktischer Theologie, erlebe ich doch, dass die Menschen, die in dieser Weise behindert sind, auch in ihrem Inneren vielfach geschlagen und zerstört sind, dass sie zutiefst bedürftig sind für umfassende Hilfe. Ich bin hineingenommen in das Bemühen Gottes, diesen Menschen mit seiner Liebe zu begegnen.

»Im Anblick der Gebundenheit und der Finsternis, die ich gesehen habe, ist es mir gründlich vergangen, das Leben im Licht Gottes als Selbstverständlichkeit hinzunehmen. Ganz neu kann ich danken für Freiheit und Licht. Und ganz neu steht mir vor Augen, wie sehr diese Menschen Hilfe brauchen. Und diese Hilfe ist nicht nur ein Pflaster, irgendwohin auf Leib oder Seele, es bedeutet aber auch mehr. Dem ganzen Menschen kann nur geholfen werden, wenn ich mich ihm ganz zuwende.« (Tgb. 23. Juli 1983)

»Ganzheitliche Theologie«, das Erleben bei und mit den Menschen in dieser absoluten Grenzsituation gibt mir für das Studium einen neuen Boden unter die Füße. *»Der Bücherstaub,* *der sich auf meinen Glauben gelegt hatte, ist mal kräftig weggepustet worden.«* (Tgb. 24. Juli 1983)

Die Bibelarbeiten mit den Taubblinden, Satz für Satz ganz langsam gesprochen und dann von jeweils einem Helfer in die Hand eines Taubblinden übersetzt, werden mir zum Bild für das Aufeinander-Angewiesensein in der Gemeinde, dem Leib Christi. Wir brauchen einander, damit das Wort des Lebens bei uns ankommt. Das gilt nicht nur für die, die mit ihren äußeren Ohren nicht hören können. Das gilt für uns alle, deren »Ohren des Herzens« oft taub, verstopft sind.

Im Laufe der Zeit wird meine Beziehung zum Taubblindendienst intensiver. Dessen personelle Situation spitzt sich dramatisch zu. Die »rechte Hand« von Ruth Zacharias fällt aus. Ich springe kurzfristig ein. In diesem Einsatz wird die Frage für mich brennend: *»HERR, hast du etwas Besonderes vor damit, dass ich hier bin? ... HERR, ich bitte dich, lass mich verstehen, was du willst. Wer sich dir ganz hingibt, dem wirst du auch zeigen, was du von ihm willst. HERR, darauf vertraue ich.«* (Tgb. 17. Aug. 1984)

Die Fragen gehen mir durch und durch. Es ist ein Ringen, an dessen Ende ich sagen kann: *»HERR, hier bin ich. Ich bin bereit!«* (Tgb. 26. Aug. 1984). Ich lege alles aus der Hand und mache mich bereit, mein Studium zu unterbrechen oder abzubrechen. Wenn es sein soll und sein muss, werde ich den Platz im Taubblindendienst einnehmen.

Es geht um *alles*. Das ist mal wieder keine Floskel, sondern hat ganz praktische Konsequenzen. Das will und kann ich einmal mehr festhalten. Letztlich geht es nicht um die Verwirklichung meiner Pläne und Vorhaben (und wenn sie noch so fromm und gut aussehen), sondern darum, dass Gottes Wille in meinem Leben und auf meinem Weg geschieht. Es geht um alles – das *könnte* jetzt heißen, den angefangenen Weg abzubrechen, das Studium aufzugeben.

Ich kann nicht von den Entscheidungen von gestern oder vorgestern leben, sondern bin gefordert, mich allemal wieder neu zu entscheiden. Die Frage nach Ziel und Werten stellt sich immer wieder und wartet auf eine jeweils aktuelle Antwort.

Aber daneben gilt auch, in der von mir gewonnenen Bereitschaft für neue Wege nichts zu überstürzen. Das innere Zeugnis, die innere Gewissheit, eine grundsätzliche Bereitschaft sind wichtige Elemente einer Berufung, aber das reicht nicht aus, um tief greifende Entscheidungen zu treffen. Es braucht das andere Element zur Ergänzung: das Zeugnis der Gemeinschaft, der Schwestern und Brüder, die um mich herum sind.

Es ist ein spannungsreicher Weg, die innere Bereitschaft zum Loslassen und Verlassen zu bewahren und zu pflegen und trotzdem in dem zu bleiben, was *jetzt* dran ist. Das übereinstimmende Zeugnis derer, die mich begleiten heißt: Erst das Studium zu Ende machen. Und dann ... (?)

»›HERR – ich bin deine Magd, mir geschehe, wie du gesagt hast‹ (Lk. 1,38) – das ist die Überschrift und die Unterschrift. Der Text dazwischen ist in meinem Leben noch zu schreiben. Ich möchte bereit sein, mich führen zu lassen und dann auch die Entscheidungen zu fällen, die dran sind. Es gibt keine automatische Führung. Aber ich vertraue, dass Gott die Punkte zeigt, an denen Entscheidungen nötig sind. Und ich bitte, dass allezeit Vorbereitungszeit ist.« (Tgb. 23. Jan. 1985)

Während ich die Vielfalt dieser Erlebnisse verarbeite und mich wieder ganz ins Studium hineinbegebe, haben die Schwestern in Lehnin eine Krise zu bestehen, die sich schon seit Monaten abgezeichnet hat. Aus dem Abstand versuche ich mitzutragen und teilzuhaben. Es stehen Veränderungen an. Zwei aus der Gemeinschaft sind dabei, Lehnin zu verlassen und einen neuen Dienst zu beginnen. Es beginnt sich etwas aufzulösen, was für meinen Weg bedeutsam und in hohem Maß hilfreich und prägend gewesen war.

Fünftes Kapitel

... und das als Frau

»... sollen die Frauen schweigen in der Gemeindeversammlung; denn es ist ihnen nicht gestattet zu reden, sondern sie sollen sich unterordnen, wie auch das Gesetz sagt. Wollen sie aber etwas lernen, so sollen sie daheim ihre Männer fragen. Es steht der Frau schlecht an, in der Gemeinde zu reden.« (1. Kor. 14,34-35)

Meine Zukunft hat begonnen, am 1. September 1986 mit dem Vikariat, der zweiten Ausbildungsphase für das Pfarramt, in Heiligengrabe im Kreis Wittstock. Eine Gegend, von der ich einige Monate zuvor noch nicht wusste, dass es sie gibt, wird meine neue Heimat.

Nachdem ich die letzten Jahre im Zentrum Ost-Berlins eine kleine Wohnung mit Küche und Bad bewohnt hatte, nur 12 Minuten Fußweg vom Alex entfernt, finde ich mich jetzt in völlig ländlicher Umgebung wieder. Das Zimmer, das mein Mentor »in letzter Minute« für mich gefunden hat, liegt 2,5 Kilometer von der Dorfmitte entfernt, ganz am Rande des Dorfes, im kleinen Haus einer Kirchenältesten auf dem Dachboden.

Ich komme an einem heißen Tag dort an, 40° im Schatten ... und in dem Zimmer. Ein riesengroßes Ehebett, ein noch größerer Kleiderschrank, das ist alles. – Eins der Betten wird auseinander genommen und weggestellt, der monströse Kleiderschrank auf den Boden geräumt, Tisch und Stuhl werden aus dem Gemeindehaus geholt, ein Bücherregal wird später eingekauft. Eine Waschschüssel findet auf dem Dachboden auf einem alten Nachtschrank ihren Platz, ebenso ein Tauchsieder. Kaltes Wasser wird unten in der Küche der Wirtin geholt. Die Toilette ist auf dem Hof. Für den Weg dorthin reicht mir die ältere Dame einen Besenstiel. Den brauche ich, um mich gegen die aggressiv auftretenden Gänse auf dem Hof zu wehren.

Es war ein »Abenteuer«. Der älteren Dame ist alles ziemlich peinlich. Sie ist es gewohnt, so zu leben und zu wohnen, aber jemand anders? Mir ist klar, nach dem, was mein Mentor mir erzählt hat, muss ich froh sein, dass sich überhaupt eine Unterkunft für mich gefunden hat. Angesichts dessen, was mir wie eine Zumutung vorkommt, schießen mir schon die Tränen in die Augen. Da klingt plötzlich ein Bibelwort in mir auf: »Ich habe gelernt, mir genügen zu lassen ... Ich kann beides ... Überfluss haben und Mangel leiden« (Phil. 4,11-12). Es geht um *alles*, und das ist keine fromme Theorie, sondern muss sich in der Praxis bewähren. Mir kommt das jetzt *sehr* praktisch vor.

Als meine Eltern mich in den nächsten Tagen besuchen kommen, habe ich soweit alles schon wohnlich eingerichtet und Frieden geschlossen mit der Situation. Ich will die Praxis bestehen.

Trotz der immer noch wahnsinnigen Hitze auf dem Boden und im Zimmer ist die erste Frage meines Vaters: »Und wie wird geheizt?« Das ist dann noch ein Unternehmen für sich. Ein Loch wird zum Schornstein geschlagen, ein Dauerbrand-Kohleofen angeschlossen. Kohlen werden bestellt und von mir reingeschaufelt. Ich hatte mir das Leben einer Vikarin ein bisschen anders vorgestellt.

Der Ofen reicht für den Anfang des Winters. Als dann aber 11° minus im Raum herrschen, ist jeder Versuch des Heizens vergeblich. Es bleibt nichts anderes, als dann im Gästezimmer des Pfarrhauses Unterschlupf zu suchen und mit dem Pfarrer das Amtszimmer zu teilen. Predigten und Ähnliches entstehen weithin in der Küche. Wie gut, dass ich das alles nicht vorher gewusst habe.

»Wenn ich davon ausgehe, dass tatsächlich alles in meinem Leben mit dem HERRN zu tun hat, dann weiß ich, dass da in einem großen Zusammenhang auch die Situation am Sonntagabend in Wilmersdorf hineingehört. Predigt halten. – Konzept nicht da. – Erfüllung eines Alptraumes (wie oft schon hatte ich das furchtbare Ereignis geträumt!) *oder Gebetserhörung? ... Ich hatte zuvor gebetet: ›HERR, hier hast du dies Papier, ich lege es dir hin. Nimm es, lass mich nicht*

daran, sondern an dich gebunden sein!‹ Der HERR hatte dies Gebet wohl wörtlich genommen.« (Tgb. 28. Okt. 1986)

Das Vikariat wird für mich zu einer besonderen Schulungszeit von höchster Qualität. Wahrlich nicht theoretisch, sondern existentiell. Es geht *»tatsächlich jetzt nicht mehr um meine Fähigkeiten, sondern zutiefst um mich selbst. Es geht um Gottes vorbereitendes Wirken an mir. Und dabei geht es letztlich um das Geheimnis vollmächtigen Dienstes. Es geht um den Preis. Und der Weg, auf den ich mich begeben habe, ist kein Spaziergang.«* (Tgb. 6. Dez. 1986)

»Ich habe nicht geahnt, wie schwer es sein kann, das, was man jahrein, jahraus hört, nun selbst zu verkündigen. Ich rede von der großen Freude und stehe selbst sehnsüchtig daneben.« (Tgb. 23. Dez. 1986)

Ich gerate in regelrechte Krisen, ganz besonders bei der Vorbereitung der kirchlichen Feste. Immer wieder habe ich das Empfinden, ich kann nicht angemessen die Größe göttlichen Redens und Handelns vermitteln. Ich komme mir so klein und unfähig vor, alles, was ich sage, erscheint mir gering und unbrauchbar. Dazu kommt noch: *»Was ich sage, predige – ich kann es schon selbst nicht mehr glauben. Ist das der Triumph Satans, oder war in mir alles nur so hauchdünn? Ich komme mir vor wie ein Anfänger auf dem Glaubensweg.«* (Tgb. 2. Jan. 1987)

In diesen Krisen werden ganz grundsätzliche Fragen für mich bedeutsam. Die Fragen zum Beispiel nach dem, was Satan wirkt und bewirken kann, und nach der Notwendigkeit und den Möglichkeiten des geistlichen Kampfes, entspringen jetzt nicht theoretischen Überlegungen, sondern dem handfesten Erleben von Zweifeln und Anfechtung.

Da gewinnt noch eine sehr grundsätzliche Frage zunehmend an Bedeutung und erscheint mir als eine mögliche Ursache des ganzen Übels und Durcheinanders in mir: Was ist es mit dem Dienst als Frau?

Die Frage kommt nicht plötzlich und ist nicht neu, aber in einer neuen Situation drängt sie auf neue Auseinandersetzung und Beantwortung. Ich kann nicht so tun, als wäre alles klar.

Klar war für mich immer gewesen: »Ich will nicht ins Pfarramt gehen, um dann meinen Mann zu stehen, der ich gar nicht bin.« Das war klar, schon bevor ich ins Theologiestudium ging. Ein kirchlicher Sonderdienst in der Diakonie oder Ähnliches oder irgendwo in einer Stadt eine 2. oder 3. Pfarrstelle, das waren meine Perspektiven. Und wenn fromme Leute mich fragten (andere kommen gar nicht auf diese Idee), ob ich denn als Frau Theologie studieren *dürfe*, konnte ich sie immer nur darauf verweisen, dass ich in meinem Leben einen »roten Faden« erkennen kann und dass es ja nicht um eine Berufung für das Studium geht, sondern um das, was danach kommt. Und da ist mir klar: »Als Frau werde ich *nicht* meinen Mann stehen, der ich nicht bin.«

Nun, dass ich kein Mann bin, hatte ich zuzeiten immer mal bedauert. Bei vier großen Brüdern hatten sich für mich schon in der Kindheit die »Vorteile des Männlichen« klar gezeigt.

Als es um die Stelle für das missionarische Jahr gegangen war, hatte ich es durchaus als ein bisschen diskriminierend empfunden, dass ich es nicht dort und nicht so machen konnte wie die jungen Männer. Damals war ich aber auch zu dem inneren Ja gekommen: *»Es kann nicht Zufall sein, dass ich eine Frau bin!«* Ich wollte rauskriegen: *»Was ist Gottes Wille und Auftrag für mich als Frau? Gewiss nicht eine Stelle, die ein Mann genauso oder besser ausfüllen könnte.«* (Tgb. 23. Jan. 1981)

Das war eine der Chancen und Gewinne des Jahres als Hausmädchen mit all dem, was sich in diesen Monaten an verschiedenen Diensten für mich ergeben hatte: Ich nahm sehr bewusst meinen Platz als Frau ein.

Aber schon damals, als die Frage nach dem Theologiestudium mich immer mal wieder beschäftigt hatte, stand die Frage im Raum: *»Als Frau im geistlichen Amt – ist das Gottes Wille?«* (Tgb. 24. Jan. 1981)

Das Thema Frausein hatte sich durch die vergangenen Jahre hindurch immer wieder gestellt.

Noch im Lehniner Kreis hatten wir uns ausführlich anhand von Abhandlungen von Ingrid Trobisch mit dem Thema beschäftigt. Sie war mit ihrem Mann gemeinsam jahrelang in der Mission gewesen. Aus ihrer reichen seelsorgerlichen Erfahrung waren verschiedene Bücher entstanden. Wir lasen gemeinsam eins ihrer bekanntesten: »Mit Freuden Frau sein«. Dann ermutigten wir uns gegenseitig, gerade als Frauen, die (noch) unverheiratet sind, unser Frausein bewusst an- und wahrzunehmen und zu gestalten.

In Gott sind beide Wesensarten vorhanden. Gott ist zugleich männlich und weiblich. Wenn ich mir mögliche Auflistungen typisch männlicher oder typisch weiblicher Eigenschaften anschaute, dann bemerkte ich schon, dass ich recht gut »männlich drauf« war.

Nicht von ungefähr sagen Leute über mich immer wieder: »Sieht aus wie die Mutter, aber ist wie der Vater.« Seine für ihn typische sachliche Nüchternheit, Realismus, Zielstrebigkeit, Systematik usw. waren Eigenschaften, die es mir gerade im Studium leicht machten, mit Freude und Erfolg zu arbeiten. Das »typisch Weibliche« demgegenüber nicht als Defizit, sondern als mindestens ebensolchen Reichtum zu entdecken und zu entfalten, das war eine Aufgabe, die damals noch vor mir stand.

Ich entdeckte in den Folgejahren die Mütterlichkeit als ein besonderes Geschenk, das nicht nur verheirateten Frauen vorbehalten ist. Mir begegnen Frauen, unverheiratet oder ohne Kinder, die in einer wohltuenden Weise Mütterlichkeit ausstrahlen. In ihrer Art, anderen zu begegnen, für sie zu sorgen, sie zu umarmen, zu trösten, liegt alles, was eine Mutter ihrem Kind geben kann. Ich erlebe, wie Mütterlichkeit nicht nur eine natürliche, sondern in besonderer Weise auch eine geistliche Gabe ist. Während verheiratete Frauen mit eigenen Kindern in ihrer eigenen Familie als Mutter gefordert und oft auch verbraucht sind, kann die Mütterlichkeit von nicht verheirateten Frauen eine ganz besondere Gabe in der christlichen Gemeinde sein.

Dass es im Hebräischen ein und dasselbe Wort ist, das Mutterschoß bedeutet und Barmherzigkeit heißt (rächäm), das ist mir schon lange eine kostbare Entdeckung und Aussage zum Wesen der Frau.

Doch jetzt steht vor mir die Frage: Welche Zukunft habe ich als Theologin – und das als Frau?

1. Korinther 14,34-35 steht so auch in meiner Bibel: »... sollen die Frauen schweigen in der Gemeindeversammlung; denn es ist ihnen nicht gestattet zu reden, sondern sie sollen sich unterordnen, wie auch das Gesetz sagt. Wollen sie aber etwas lernen, so sollen sie daheim ihre Männer fragen. Es steht der Frau schlecht an, in der Gemeinde zu reden.«

Als Theologin, für die das Wort Gottes verbindlich und in seiner Ganzheit als Wort Gottes ernst zu nehmen ist, habe ich ein Problem. Nun, ich kann natürlich »historisch-kritisch« damit umgehen und alle Stellen, die den Dienst der Frau verbieten oder einschränken, kritisch hinterfragen. Da gibt es einige Antworten, die mich beruhigen und meinen Dienst legitimieren können. Aber es bleibt für mich dabei: Das biblische Wort kann, muss und soll *mich* kritisch anfragen. Das bedeutet Krise, und die ist für mich nicht theoretisch, sondern existentiell.

Ruth Zacharias hat mir auf unserem gemeinsamen Weg im Blick auf diese Frage eine zweiteilige Antwort gegeben: Zum einen betont sie, dass das biblische Wort an uns *nie* nur Gesetz, also Verbot oder Ähnliches sei, sondern *immer* auch Evangelium, das heißt *gute* Nachricht. Das bedeutet, dass es darum geht, auch zum Beispiel in 1. Korinther 14,34-35 das Evangelium für die Frauen zu entdecken. Das andere ist ihr ganz persönlicher Rat: »Tue nie etwas, was dem Wesen einer Frau widerspricht.« Damit hat sie mir eine langjährige Denk- und Entdeckungsaufgabe gestellt: Was entspricht und was widerspricht dem Wesen einer Frau? Was ist demnach Maßstab für mein Tun und Lassen, für meinen Dienst als Pfarrerin?

Die Frage spitzt sich für mich im Vikariat durch das Erleben im so genannten »Bruderkreis« zu. Einige Pfarrer der brandenburgischen Landeskirche und Laien mit Ehefrauen haben sich vor Jahren zu einer geistlichen Gemeinschaft zusammengefunden. Sie wollen sich gegenseitig beistehen, sowohl seelsorgerlich als auch praktisch. Gelegentlich sind sie gemeinsam in bestimmten Diensten. Ein solcher Dienst ist einmal im Jahr eine Rüstzeit, zu der aus verschiedenen Gemeinden Teilnehmer aller Altersgruppen kommen. Diese Zeit ist klar evangelistisch und seelsorgerlich ausgerichtet.

»Ich bin weder Bruder noch Ehefrau, kein Pfarrer und keine Pfarrfrau, das macht meine Stellung hier so schwierig.« (Tgb. 10. Febr. 1987)

Es ist zwar vereinbart, dass ich in diesen Tagen eine Bibelarbeit halten soll, aber im Miteinander des Teams merke ich plötzlich, dass eigentlich noch gar nicht so recht geklärt ist, ob das Tischgebet von einer Frau übernommen werden darf.

Mich bringt das in große Spannung, nicht nur innerlich, sondern auch im Blick auf die Pfarrfrauen und die anderen Frauen im Team. Also frage ich: »Kann ich – darf ich die Bibelarbeit überhaupt halten?« »Wollen Sie denn?«, kommt die Frage zurück. »Ja, wollen schon, aber nur, wenn ich einen klaren Auftrag dazu habe.« Und der soll echt sein, nicht nur unter dem Motto stehen: »Sie ist Vikarin, also muss sie irgendwas machen.« Ich will die Brüder hinter mir haben, sonst lasse ich es lieber sein.

So finde ich für die nächste Zeit meine Position, von der aus ich als Frau im Verkündigungsdienst stehen kann: mit Auftrag, gemeinsam mit den Männern, wenn sie es wollen und mich dafür einsetzen.

Das Thema »als Frau im Pfarramt« kommt aber immer wieder, kritisch, brisant, mühsam. Ich muss mich dem stellen und damit umgehen.

Viel verdanke ich da einem Hausbesuch am Anfang dieses Dienstes.

Der Ehemann ist allein zu Hause. »Meine Frau ist noch zur Versammlung. Sie wissen ja, sie ist Bürgermeisterin. Der geht's wie Ihnen. Als Frau in solchem Beruf, da muss man, wenn man gut sein will, immer besser sein als die Männer.«

Ich horche auf: »... immer besser sein als die Männer ...« In mir gehen alle Alarmglocken an. Auf dem Rückweg im Auto fasse ich einen Entschluss: »Da mach ich nicht mit. Ich gehe nicht in den Wettstreit mit den Männern. Ich will nicht besser sein als sie, nicht in Konkurrenz mit ihnen. Ich will ihnen nichts beweisen.«

Einige Zeit später sitze ich in einer Gemeindekirchenratssitzung, außer mir noch vier Männer und eine Frau. Als Vorsitzende habe ich die Leitung. Die Atmosphäre ist gespannt, fast feindselig, das Gespräch von misstrauischen Fragen gekennzeichnet. Es ist, als ob Pfeile durch die Luft fliegen. Einige Zeit vergeht so. Ich kann nicht mehr. Ich stehe auf, entschuldige mich: »Es tut mir Leid, aber ich kann in dieser Weise nicht reden und arbeiten. Das überfordert mich total. Ich werde den Superintendenten bitten, die Sitzung zu übernehmen und zu einem anderen Zeitpunkt mit uns weiterzuführen.« Ich verabschiede mich und fahre los, draußen dann in Tränen.

Der Superintendent lässt sich auf meine Bitte ein und übernimmt kurze Zeit danach die Leitung einer erneuten Sitzung. Es ist schwierig, auch für ihn. Auf der Rückfahrt sagt er: »Schwesterchen, Sie müssen noch lernen, den Brüdern da den Wind aus den Segeln zu nehmen.«

Nein, ich glaube, das will ich gar nicht lernen. Ich will nicht mit ihnen kämpfen. Ich will mich ihnen gegenüber nicht beweisen. Ich will niemandem beweisen, dass ich als Frau auch kann, was die Männer können. Manches kann ich nämlich wirklich nicht so gut wie sie. Anderes dafür besser. Männer sind nämlich anders ...

Ich lese einige Bücher zum Thema Frau im geistlichen Dienst, in Leiterschaft usw. Es ist erstaunlich, wie gewissenhafte Theologen nach gewissenhafter Arbeit in gewissenhaften Büchern zu ganz entgegengesetzten Ergebnissen kommen. Mir scheint, je nachdem, was sie beweisen möchten, kommen sie zu diesem oder jenem Ergebnis, eine Frau darf oder sie darf eben nicht. Ich habe wieder aufgehört, solche Bücher zu lesen. Ich empfinde, zuletzt und zutiefst ist es eben keine exegetische oder dogmatische Frage, sondern eine existenzielle. Und die findet eine Antwort nicht in theologischen Auseinandersetzungen, sondern in der Beziehung zwischen Gott und mir. Da gibt es ab einer bestimmten Zeit eigentlich keinen Zweifel mehr: »Es ist okay.«

Gott selbst bestätigt meinen Dienst. Und als ich mal jemanden sagen höre, dass Gott sich in seiner Liebe zu uns mitunter »Verrücktheiten erlaubt, so wie es Liebende eben tun«, da denke ich: »Ja, eine Verrücktheit ist die, dass er mich zur Pfarrerin gemacht hat.«

Oft, wenn ich irgendwo außerhalb predige, kommt hinterher

jemand auf mich zu: »Ja, Frau Eichler, das muss ich Ihnen doch sagen. Sie haben mir jetzt enorm geholfen, ein altes Vorurteil auszuräumen. Also, ich war ja immer dagegen, dass Frauen predigen ...« So oder ähnlich.

In einem Kurzurlaub besuche ich eine Lehrkonferenz. Gute, fundierte biblische Lehre, nicht fromme Mode, sondern wirklich gesunde Kost wird geboten. Ich bin begeistert.

Irgendwie am Rand wird das Thema »Frauen in der Gemeinde« berührt. Ergebnis: Im Fragekasten landet ein Haufen Fragen zu diesem Thema. Da steckt Brisanz drin. In der Podiumsrunde zu den eingegangenen Fragen wird das Thema ausführlich aufgegriffen und entfaltet. Sechs Männer sitzen auf der Bühne und stellen klar, was alles nicht sein darf, was eine Frau alles nicht darf und wie es richtig ist mit den Frauen. Ich bin in einer Phase, in der der Dienst im Pfarramt mich sowieso absolut herausfordert. Ich ringe mit Gott, dass ich den Platz, auf dem er ganz offensichtlich meinen Dienst will, nicht preisgebe. Ich kämpfe gegen Resignation und Aufgeben. Da trifft mich die Behauptung, dass ich das, was ich tue, eigentlich gar nicht tun darf, tief. »Auch das noch!« Das tut weh! Heulend verlasse ich die Versammlung. Was jetzt?

Kurz danach begegne ich »rein zufällig« dem Bruder, der mich in dieser Zeit seelsorgerlich begleitet. Ich bringe meinen Schmerz und meinen Frust raus.

»Wenn ich es doch nicht darf, dann lass ich es lieber. Gern, dann kann es ein anderer machen, ein starker Mann. – Ich will nichts tun, was ich nicht tun darf.«

Er hört mir ganz ruhig zu, schlägt seine Bibel auf und liest vor: »1. Korinther 7, Vers 25: ›Über die Jungfrauen aber habe ich kein Gebot des Herrn.‹ Also, was heißt das? Es gibt für dich als unverheiratete Frau kein Gebot des Herrn. Astrid, lass dich nicht verrückt machen!« Das ist entwaffnend. »Lass dich nicht verrückt machen!« Der tiefe Ernst und zugleich das Schmunzeln, irgendwo ganz versteckt, helfen mir, die Brüder von vorhin nicht mehr ganz so ernst zu nehmen. Ist es nicht Gottes Sache, was er mit mir in seiner Liebe macht?

Am nächsten Tag kommt bei der Konferenz ein ganz besonderes Thema auf die Bühne. Die Sache mit dem Kopftuch (1. Kor. 11,6). Die Ehefrau einer der Brüder vom Vortag erklärt, wie es dazu kam, dass sie sich beim Beten ein Kopftuch umbindet. Sie erzählt ihre ganz persönliche Geschichte und schließt damit: »Ihr müsst jetzt nicht alle mit Kopftuch beten. Aber ich habe von meinem Herrn gehört, dass es ihn freut, wenn ich das tue.«

»Es freut IHN, wenn ich das tue.« Das ist es, wird mir schlagartig klar. Ja, das ist es: Es freut Ihn, wenn ich predige, wenn ich die Gemeinde leite, wenn ich Ihm so diene, wie ich es tue. Das reicht doch, oder?

Es ist Gottes Geschichte mit mir, und so wird es mir in der kommenden Zeit möglich, als Frau fröhlich meinen Dienst zu tun. Ich muss niemandem beweisen – weder dass ich das kann, noch dass ich das auch darf. Ich bin entspannt. Trotzdem bleibt ein »komisches Gefühl« in der Magengegend.

Immer dann, wenn es irgendwo zum Thema gemacht wird – egal, ob durch Männer oder durch Frauen, was denn nun die Frauen dürfen oder nicht, was sie doch auch unbedingt tun sollten –, fühle ich mich nicht wohl. »Wir brauchen mehr Frauen« oder »es sind zu wenig Frauen da« – das geht mir gegen den Strich. Zu viel vom Kampf der Geschlechter klingt da für mich an. Selbst da, wo die Männer den Frauen »etwas erlauben« – oder wo die Frauen sich eine Position erringen –, da sind wir immer noch im Gefüge von Macht und Kampf, von Dominanz und Unterwerfung.

In mir wächst die Vision, der Traum von einem versöhnten Miteinander von Mann und Frau, in dem nicht das Männliche, auch nicht das Weibliche den Maßstab setzt, sondern in dem beide eins sind, gemäß Galater 3,28: »Hier ist nicht Jude noch Grieche, hier ist nicht Sklave noch Freier, hier ist nicht Mann noch Frau; denn ihr seid allesamt einer in Christus Jesus.« Nicht Emanzipation ist die Lösung, sondern Versöhnung durch die Erlösung, die Jesus Christus vollbracht hat.

Wenn die Erlösung verstanden wird als Versetzung in den gottgewollten, schöpfungsgemäßen Urzustand, und wenn diese

Erlösung *vollkommen* ist, dann gilt es, sie auch für diesen Bereich zu ergreifen und Gestalt werden zu lassen. Das wäre das Ende vom Kampf der Geschlechter, auch des von der frommen Art. Von der Schöpfung her sind Mann und Frau, wenn auch verschieden, so doch gleichwertig und gleichrangig.

In 1. Mose 1,28 heißt es: »Gott segnete sie und sprach zu ihnen: Seid fruchtbar und mehret euch und füllt die Erde und macht sie euch untertan und herrscht über die Fische im Meer und über die Vögel unter dem Himmel und über das Vieh und über alles Getier, das auf Erden kriecht.« Hier sind beide angesprochen. Da wird deutlich: Die Frau wurde nicht geschaffen, um dem Mann zu dienen, sondern um *gemeinsam* mit dem Mann Gott zu dienen, gemeinsam den Auftrag Gottes zu erfüllen, den sie *beide* erhalten haben.*

* Hilfreich zu diesem Thema zu lesen ist das Buch von Marilyn B. Smith/ Ingrid Kern (Hrsg.), *Ohne Unterschied*, Brunnen, Gießen 2002

Sechstes Kapitel

Allein für alles – und das für immer?

»Gelobt sei der HERR täglich. Gott legt uns eine Last auf, aber er hilft uns auch.« (Psalm 68,20)

Ich bin noch mit dem Umzug beschäftigt. Ende September 1987. Es müssen Sachen aus Heiligengrabe, aus Ludwigslust und sogar noch aus Halle zusammengebracht werden. Eine Nacht bin ich bei meinen Eltern in Ludwigslust. Bei meiner Rückkehr nach Buchholz bin ich etwas irritiert. Irgendwas stimmt nicht. Erst im Laufe des Tages stelle ich fest: Es ist eingebrochen worden! Es fehlen ein Kassettenrekorder mit Kassetten und eine Namensprägemaschine. Mehr nicht, nur diese typischen »Westartikel«. Es ist ein Willkommen besonderer Art.

Schlimmer als der Verlust ist meine Angst. Was nun? Ich kann nicht allein in diesem Haus bleiben!

Ich habe Angst. Ich bin sowieso kein Mensch von der »Marke mutig«. Und jetzt das. Das ist zu viel! Die *Angst hat mich.*

Ich bemühe mich um eine Veränderung der Situation. Ein junges Mädchen, Lehrling in Pritzwalk, zieht mit ins Pfarrhaus ein. Dann ist wenigstens abends, wenn es unangenehm wird, noch jemand da. Und wenn nicht, zum Beispiel am Wochenende, dann setze ich mich in meinen »Trabi« und fahre los. Nach Heiligengrabe sind es nur 17 Kilometer.

Es dauert Wochen, Monate, bis ich wieder so weit bin, abends allein im Pfarrhaus bleiben zu können. Irgendwie ist sowieso alles ein bisschen unheimlich.

Buchholz ist für mich kein heimischer Ort. Schon der erste Besuch im Pfarrhaus, als es noch um die Entscheidung geht, ob ich denn dort die »Entsendungszeit«, die drei ersten Jahre im Pfarramt, absolvieren werde, ist eher ein Schock als eine Ermutigung. Das ganze Haus in knalligen Farben, völlig heruntergekommen, voll gekramt, an der Tür zum Amtszimmer ein Teufelskopf, auf dem Flur das Bild einer nackten Frau. Ein besonderes Erbe. Für mich ist klar, und das sage ich den Brüdern aus dem Bruderkreis: »Hier ziehe ich nicht ein, bevor nicht kräftig gebetet worden ist.« Das geschieht und trotzdem dann dies.

Eigentlich will ich ja in den Taubblindendienst gehen, »ein Sonderdienst der Kirche in der Diakonie«, das war ja sowieso meine Perspektive gewesen, und alles scheint in diese Richtung zu weisen. Aber dann sagen die Zuständigen im Konsistorium: »Ohne anschließenden Gemeindedienst keine Ordination.«

An die Ordination aber sind in unserer Kirche die Rechte für Taufe und Abendmahl gebunden. Und gerade das Letzte ist mir wichtig, ja, scheint nötig für jeglichen geistlichen Dienst in leitender Verantwortung. Also: drei Jahre Pfarramt »in der Entsendung«, wie das heißt.

Im Vikariat hatte ich durchaus Freude an diesem Dienst gefunden. Durch mein Leben in einem Diakonissenmutterhaus war mir ja bisher »normale Kirchengemeinde« nur aus dem Jahr in Halle-Neustadt bekannt.

»Wohin wollen Sie dann gehen, Schwester Eichler?«, hatte man mich im Konsistorium gefragt. »Wenn irgend möglich nicht noch einmal quer durch die DDR. Ich möchte gern im Kirchenkreis Pritzwalk bleiben.«

Da sind zu der Zeit zwei Stellen für mich frei, entweder in Pritzwalk auf der 3. Pfarrstelle, was meinen Grundsätzen ja sehr entspricht. Oder in Buchholz, in einem Pfarrsprengel mit fünf kleinen Dorfgemeinden. Pritzwalk hat nur einen »Haken«. Der Sinn der Entsendungszeit liegt darin, dass die Berufsanfänger sich selbständig erproben und einiges auch ausprobieren können. In Pritzwalk sind der Superintendent und seine Frau im Pfarramt. Mir ist klar, mit Probieren wird da nicht so viel.

Da ich für das 2. Theologische Examen eine Arbeit zum Thema »Erneuerung der Gemeinde – Eine Diskussion zu verschiedenen Konzepten des Gemeindeaufbaus« schreibe, habe ich eine klare Perspektive, was ich und wie ich es im Pfarramt anstellen will. Dafür aber muss ich dorthin gehen, wo ich weithin selbständig arbeiten kann.

In dieser Zeit bin ich geistlich nicht so »gut drauf«. Da reicht es mir, nach »vernünftigen« Gründen zu fragen und mich dann zu entscheiden: Ich entscheide mich für Buchholz.

Im Konsistorium sagt man mir: »Ja, gehen Sie mal nach Buchholz und schauen Sie, ob sich dort noch irgendwas zum Leben erwecken lässt.«

Das klingt für mich, wenn auch nicht sehr ermutigend, so doch zunächst sehr ehrenvoll.

Allein als Frau »auf'm Dorf« – das habe ich nie gewollt –, aber da bin ich nun.

Zunächst ist es nur mein Wohnsitz. Ich bin noch dabei, die letzte Ausbildungsphase hinter mich zu bringen, um im Frühsommer 1988 mein 2. Examen abzulegen.

Das Pfarrhaus ist inzwischen zu großen Teilen »gemalert«. Einer der Kirchenältesten kommt, sieht sich das an und sagt: »So schön war es hier noch nie seit 1945.« Wenn das kein Kompliment ist!

Schräg gegenüber vom Pfarrhaus, neben der Kirche, ist der Konsum. Hier trifft man die Leute aus dem Dorf. Ich bewundere die schwungvolle Verkäuferin. Die Getränkekästen, die ich nur mühsam mit zwei Händen tragen könnte, fliegen bei ihr förmlich durch die Gegend. Sie kennt alle und jeden aus ihrer Kundschaft. Auch mich. Bei der nächsten Gelegenheit, es ist wohl zum 7. Oktober, »Tag der Republik«, bekomme auch ich die Bananen, die mir zu diesem Anlass zustehen.*

Richtung Pritzwalk, im vorletzten kleinen Haus vor dem Ortsausgang, ist die Poststelle in einem Anbau untergebracht. Ein Schreibtisch in der Ecke, dazu alles, was die Postfrau braucht. Und wenn es Anlass gibt, dann wird das Zimmer für Familienfeste genutzt. Es ist sowieso alles ganz familiär. Bei einem meiner ersten Besuche dort, morgens um halb acht, schaut die Postfrau mich erschrocken an: »Was wollen Sie denn schon hier? Sie können doch noch schlafen!«

* Bananen und andere Südfrüchte gab es in der DDR in der Regel zu besonderen Anlässen im Jahr, zum Tag der Republik (7. Okt. 1949, Gründung der DDR) und zu Weihnachten, und das dann abgezählt in festgelegter Stückzahl pro Kopf.

Man kennt mich, man beobachtet mich. Vielleicht wie jeden im Dorf. Vielleicht aber auch, weil ich Pfarrerin bin und damit eben doch eine Person von öffentlichem Interesse. Ich merke, wie mir das langsam bewusst wird, hier nicht »irgendwer« zu sein, sondern »Frau Pastor«.

1987, Ewigkeitssonntag, von den meisten Totensonntag genannt, es ist der letzte Sonntag im Kirchenjahr Ende November. Noch wohne ich nur in Buchholz, die offizielle Dienstzeit beginnt erst im Sommer 1988. Ich soll vertretungsweise den Gottesdienst in Buchholz halten. Dieser Sonntag, so weiß ich aus meinem Vikariat, ist ein kirchlicher Höhepunkt. Ja, zu Karfreitag und zum Totensonntag (Heiligabend ausgenommen) kommen die meisten Menschen zum Gottesdienst. Schon in der Woche zuvor kommen Leute aus dem Dorf und wollen den Kirchenschlüssel haben. Sie wollen dort »etwas hinlegen«.

Im Vorraum der Kirche sind Gedenktafeln für die Opfer der Weltkriege. Am Sonntag zum Beginn des Gottesdienstes sehe ich dort Blumen stehen, Gestecke liegen da, der Platz ist geschmückt. Vorn auf dem Altar in der Kirche ist nichts. Ich halte inne. Ich bin erschrocken. Blumen wurden gebracht für die Toten, aber beim Blick auf den leeren Altar scheint es mir, für den lebendigen Gott sind keine übrig, kein Zeichen der Liebe, der Verehrung, der Zuwendung. Es tut mir weh. Und ich frage mich: Was für ein Gottesdienst wird hier gefeiert? Wer wird hier geehrt? Wem wird hier gedient?

Dies Erleben ist für mich ein Zeichen für das, was die Menschen geprägt hat. Ich versuche, sie zu verstehen in ihrer Liebe und Verehrung für die Toten der Kriege. Aber ich habe Mühe mit dieser Art von Frömmigkeit, die den Toten mehr Liebe und Ehre entgegenbringt als dem lebendigen Gott.

Im Juni 1988 ist meine Ordination. Mit diesem Geschehen wird begangen, dass unsere Kirche »Einzelne in einen Dienst der Verkündigung des Evangeliums beruft ... und zur Verwaltung von Taufe und Abendmahl einsetzt«. So steht es im Vorwort zur Ordnung der Ordination. Auf dem Weg zum Gottesdienst sagt der Generalsuperintendent, der mich ordinieren wird: »Heute verheirate ich Sie mit der Kirche.« Das hat einen sehr eigenartigen Klang für mich. Warum sagt er so etwas? Was bedeutet das für ihn oder gar für mich?

Mein Vater ist einer der Assistenten bei der Segnung. Er spricht mir das Wort zu, das ich mir 1973 schon als Konfirmationsspruch ausgewählt hatte: *»Gelobt sei der HERR täglich. Gott legt uns eine Last auf, aber er hilft uns auch.«* (Psalm 68,20)

Am 1. August ist mein offizieller Dienstbeginn. Der 31. Juli ist ein Sonntag. Ich denke: »Das ist eine gute Gelegenheit. Ich werde in Buchholz einen Gottesdienst halten.«

Morgens wache ich auf und bin entsetzt. Alles dreht sich, wirklich alles. Ich darf meinen Kopf nicht bewegen. Ich kann kaum aufstehen, mich kaum aufrecht halten. Ich kenne diese Attacken, aber es ist so arg wie seit Jahren nicht.

Irgendwie hat die Information nicht funktioniert. Es läutet nicht. Zum Gottesdienst kommt ein Ehepaar. Ich setze mich neben sie. Der Gottesdienst findet statt. Danach »läuft nichts mehr«. Mir ist nur noch hundeelend. Und das zum Dienstbeginn. Den hatte ich mir anders vorgestellt. Es bleibt mir nichts anderes als auszuhalten und mich selbst dem HERRN hinzuhalten. *»Es wird deutlich, der HERR will meine Liebe, nicht mein Tun. Er will, dass ich ihn sehe, nicht meine Pläne, dass ich gern und ganz abhängig bin von ihm.«* (Tgb. 2. Aug. 1988)

Es ist, als ob Gott zu mir sagt: Deine Grenzen sind meine Möglichkeiten.

In Heiligengrabe, meiner »alten Heimat«, finde ich Zuflucht. Aus Erfahrung weiß ich inzwischen, in zwei, höchstens drei Tagen ist alles wieder in Ordnung.

Zum September 1988 beginnt Martina, Katechetin und Gemeindehelferin, frisch von der Bibelschule Malche in Bad Freienwalde, ihren Dienst im Buchholzer Pfarrbereich. Einen Kopf größer als ich, 8 Jahre jünger, ist sie ein frisch-fröhlicher Typ. Vor ihrer jetzigen 3-jährigen Ausbildung war sie »Zootechniker und Mechanisator für Rinderproduktion«. Die Lehrstelle hat sie nur bekommen, weil ihre Eltern langjährig in der LPG in ihrem Heimatdorf südöstlich von Berlin gearbeitet haben. Die Perspektive ist, dass sie Lehrausbilderin werden soll. Doch dazu hätte sie in die SED, die Sozialistische Einheitspartei Deutschlands, eintreten müssen. Rinderzucht ist für Martina nicht die Zukunft.

Was nun? Die Frage treibt Martina um. Sie spricht mit der Pfarrfrau in ihrer Kirchengemeinde. An einem Abend betet sie noch mal über dieser Frage und bittet um Klarheit. Da klingelt es. Ihre Freundin steht vor der Tür: »Martina, die Ausbildung in der Malche, ist das nicht dein Weg?« Martina zittert am ganzen Körper. Gerade hat sie um Klarheit gebetet. Jetzt das. Sie spürt, »das ist es«, und unternimmt Schritte in diese Richtung.

Inzwischen hat sie die Ausbildung fast abgeschlossen. Das Pfarrehepaar aus ihrer Heimat gehört zu unserem Bruderkreis. Bei einem Frühstück in Buchholz erzählen sie von Martina und der Frage, wo sie ihren ersten Dienstort finden wird. »Hier in Buchholz, das wäre doch die Idee.«

Martina nimmt Kontakt zum Superintendenten auf. Wir begegnen uns in Heiligengrabe. Es gibt eine Stelle für sie. Sie kann als Mitarbeiterin des Kirchenkreises in Buchholz beginnen.

Sie zieht ins Buchholzer Pfarrhaus ein. Das ist eine gute Lösung. Anders als ich kommt sie aus dem dörflichen Leben und ist mit dem Alltag der Leute vertraut. Wenn früh kurz nach 4 Uhr der Traktor am Pfarrhaus vorbeituckert, dann weiß Martina besser als ich, was bis dahin bereits im Stall geschehen ist und wie es dann weitergeht, wenn die Milchkannen ganz in unserer Nähe abgeliefert werden.

Die nächsten drei Jahre wohnen wir zu zweit im Pfarrhaus. Da können wir uns bei manchem abwechseln, auch beim Kochen und beim Kohlenholen.

Für ihr Anerkennungsjahr ist sie zu 50 % im Dienst. Dann wird aufgestuft und der Dienst in andere Pfarrbereiche hinein ausgeweitet. Sie ist zuständig für den Kinderdienst, Christenlehre der Schulkinder, Vorschulkreis, Elternarbeit, vor allem in Form von Besuchen, Familiengottesdienste machen wir gemeinsam. Alles andere ist »mein Ding« ...

Es ist »knallhart«. Fünf Kirchen in sehr unterschiedlichem Zustand für etwa 350 Kirchenmitglieder. Das in einem Bereich, in dem in acht Dörfern etwa 1200 Menschen wohnen. Ja, die Dörfer rundum haben eine Einwohnerzahl von meist weniger als 150 Menschen. Einige größere Dörfer haben 300 Einwohner, aber es gibt auch welche mit »3 Häusern und 7 Spitzbuben« wie man sagt. Mit etwa 25 % Kirchenzugehörigkeit sind wir für DDR-Verhältnisse gut dran. Es gibt Bereiche mit viel geringeren Zahlen. Auf dem Land hat sich die Kirche relativ gut gehalten. In anderen Gegenden liegen die Zahlen oft auch höher.

Fünf Kirchen – wenn auch (zum Glück) nur kleine Dorfkirchen – bergen viele handfeste Probleme in sich. Da sind bei meinem Dienstbeginn in Boddin die Fenster weithin kaputt. Der Turm ist stark beschädigt. In Buchholz ist es, wenn draußen Wind ist, drinnen schwierig sein eigenes Wort zu verstehen. Oder wenn schwere Autos auf der B 103 direkt an der Kirche vorbeifahren, dann klappern die Fenster überlaut in der Bleifassung, die weithin verrottet ist. Erste Scheiben sind rausgefallen. Eine Möglichkeit, Bleiverglasung zu reparieren oder gar zu erneuern, gibt es zurzeit bei uns nicht.

In Groß-Woltersdorf wird seit über 20 Jahren nur die so genannte Winter-Kirche, ein Raum auf der Empore, benutzt. Die Kirche war in den 60er Jahren vor dem Einsturz bewahrt worden, das Fundament unterfangen. Leute aus dem Dorf hatten in engagiertem Einsatz mit der Renovierung begonnen, die Decke ist fertig. Der Mann, der diese Arbeiten geleitet hatte, verunglückte tödlich bei einem Autounfall. Seitdem ist es nicht weitergegangen. Kaputte Fensterscheiben, nackte Wände, der Fußboden zum Teil nur aus Sand. Schwalben bewohnen die Kirche und ziehen hier ihre Jungen auf. Ich denke an Psalm 84,4: »Der Vogel hat ein Haus gefunden und die Schwalbe ein Nest für ihre Jungen – deine Altäre, HERR Zebaoth, mein König und mein Gott.« Aber ich finde es auch schlimm, wie »beschissen« die Kirche ist.

Mir ist das »Ding« ein paar Nummern zu groß. Von Bauen verstehe ich nichts. Aber es kann doch nicht so bleiben! Neue Bänke warten seit 20 Jahren auf Benutzung. Immer wenn es um diese Kirche geht, begegnet mir tiefe Resignation. Ich kann das verstehen. Es gab schon viele Baubesprechungen. Aber das war's dann auch. Es fehlt an Material, an Geld, an Möglichkeiten einer Sanierung, die der Größe der Aufgabe angemessen ist.

Ab und zu segeln Schieferplatten durchs Dorf. Das Turmdach muss dringend repariert werden. Auch hier zuerst ein Materialproblem. Von einer Partnergemeinde im Westen werden Kupfernägel geschenkt. Ich selbst kaufe in Berlin kiloweise andere Nägel. Rätselhaft, was diese kleine Frau mit den vielen großen und sehr großen Nägeln will.

Schiefer? Da muss es irgendwo eine alte Scheune oder einen Stall geben, von dem man Schieferplatten »erben« kann.

Alte Dachsteine sind auch die Lösung, als das Turmdach in Boddin repariert wird und das Kirchendach in Schönebeck und in Klein-Woltersdorf »neu« gedeckt werden.

Hauptsache erst mal dicht – von oben, von den Seiten, von unten.

Die Klein-Woltersdorfer Kirche, die kleinste im Pfarrbereich mit nur 60 Plätzen, wird im Herbst 1988 nach langen, mühsamen Sanierungsarbeiten wieder eingeweiht. Schon während meiner Vikariatszeit hatte ich das Baugeschehen hier mitverfolgt. Ein richtiges Schmuckstück ist sie geworden. Die Einweihung ist einer der allerersten Höhepunkte in meiner Dienstzeit.

Die Boddiner und Schönebecker Kirche werden in einen Zustand gebracht, der erst mal akute Gefahr abwendet. Feierabendhandwerker, engagierte Leute aus den Dörfern, viel Improvisation. Außer den Fenstern in Boddin sind die beiden Kirchen dann dicht, die Schönebecker sogar frisch gestrichen.

Ich lerne Dinge in einem Bereich, von dem ich keine Ahnung hatte. Zum Beispiel: »Wenig Wasser reicht für großen Schaden.« Seit Jahren ist an der Buchholzer Kirche das Fallrohr der Dachrinne kaputt. Die Feuchtigkeit hat das Mauerwerk durchdrungen. Irgendwann kommt eine riesige Fläche Putz von der Wand, gleich vorn neben dem Altar, ein richtiger Schandfleck über Jahre.

Für die bleiverglasten Fenster in Buchholz und Boddin ergreifen wir sofort nach der Wende die Möglichkeit der Erneuerung. Da reicht sogar das Geld der Kirchenkasse aus.

1990 ist der Beginn von umfassenden Bauarbeiten. In Buchholz gelingt es uns, mit Fördermitteln und Eigenanteilen die Kirche außen rundum zu sanieren: Fenster, Turmdach, Turm, Kirchendach. Alle Ursachen für die eindringende Feuchtigkeit werden beseitigt. Im Herbst 1993 sieht die Kirche von außen aus »wie neu«. Umso größer die Enttäuschung für jeden, der reinkommt. Hier sind die Schäden deutlich sichtbar. Aussichten auf Renovierung gibt es nicht. Die Kirchengemeinde hat kein Geld mehr, und einen Topf mit Fördermitteln für solch eine Kirche, die zwar unter Denkmalschutz steht, aber keine Besonderheiten aufzuweisen hat, gibt es nicht.

Die Nägel, die ich mühsam für die Kirche in Groß-Woltersdorf erworben hatte, werden nicht mehr gebraucht. 1992 übernimmt eine Firma die Erneuerung des Turmdaches. Der Bürgermeister entdeckt, dass der Turm sein 100-jähriges Jubiläum hat. Das ist eine Gelegenheit zum Feiern. Leute aus dem Dorf räumen die Kirche aus. Baumaterialien werden umgelagert, die asbesthaltigen »Sauerkrautplatten« werden von den Wänden entfernt. Jetzt sind noch mehr Löcher in den Wänden, die mit Brettern vernagelt werden.

Das Kirchturmfest wird gefeiert. Die Kirchenwochenleute, ein Mitarbeiterteam von außerhalb, stellen den Fußboden so her, dass man von hinten bis vorn gehen kann, ohne im knöcheltiefen Sand zu versinken.

Später, während eines Abendgottesdienstes, wird ein Altar gebaut. Zwei Sockel aus Backsteinen werden lose aufgeschichtet, ein Brett darüber gelegt, Kerzen angezündet.

Ein bewegendes Erlebnis, denn das spürt da jeder: Der HERR ist hier! Wir sind erinnert an die Erfahrung Jakobs: »Der HERR ist hier und ich wusste es nicht« (1. Mose 28,16). Die Kirche in Groß-Woltersdorf wird für uns zu einem besonderen Ort der Gegenwart Gottes, so verfallen wie sie ist, so löcherig, so armselig, so gefährdet – gerade da wohnt Gott und will mit uns Gemeinschaft haben. –

Zum Amtsantritt bekomme ich Besuch von zwei netten Herren mit Blumenstrauß. Sie kommen vom Rat des Kreises, Abteilung Inneres. Der stellvertretende Vorsitzende besucht mich auch im nächsten Jahr, im Sommer 1989, wieder. Es gehört zu ihrer Amtsroutine, diese Besuche bei Pfarrern.

Er erzählt mir von den Hubschraubern aus dem Westen, die über Ungarn kreisen und Flugblätter abwerfen. »Sie halten die Bürger unserer Republik von der Rückkehr in ihre Heimat ab.« »Schade, dass ich diesen Sommer nicht in Ungarn bin«, erwidere ich und will ihm mit dieser Antwort signalisieren, dass ich ihm das, was er gerade gesagt hat, nicht glaube.

Doch dann kündigt er an: »In Kürze feiern wir den 40. Jahrestag der Republik, und dann wird vieles ganz anders.« Ich überlege, was er wohl meinen könnte. Rätselhaft, diese Äußerung.

Doch viel schlimmer finde ich, was dann kommt. Sehr freundlich wendet er sich mir zu: »Frau Eichler, wie konnte das nur passieren? Nun, bei Ihrem Temperament ist ja einiges möglich, aber gleich vier Stempel in die Berechtigungskarte?!«

Stempel waren in der DDR das, was jetzt die Punkte in Flensburg sind. Je nach Vergehen gab es eine bestimmte Anzahl von Stempeln. Bei 5 kam es zum Entzug der Fahrerlaubnis. Ja, das war mir passiert. Beim Überholen einer Armeekolonne hatte ich das Ortsschild nicht gesehen und war mit 85 Stundenkilometern in eine Ortschaft gerast. Die Polizei hielt mich an und verpasste mir diese Stempel. Aber was hatte das mit ihm zu tun? Auf meine Nachfrage erzählt er, dass er täglich den Polizeibericht erhält, und in dem steht dann auch so etwas: »Pastorin Eichler am Ortseingang nach Spiegelhagen mit 85 km/h gestoppt ...«

»Frau Eichler, das ist ja wirklich eine dumme Situation. Es könnte ja sein, dass Sie jetzt völlig verunsichert sind und aus lauter Unsicherheit was falsch machen. Dann bekommen Sie den 5. Stempel und können Ihren Dienst für eine Zeit nicht mehr ausüben. Wenn das passiert, wenden Sie sich doch bitte an mich. Ich werde mich für Sie einsetzen.«

Diesem Angebot folgt im Laufe des Gesprächs noch ein

zweites. Es geht um eine Westreise. Für eine Tagung hatte ich die Ausreisegenehmigung beantragt. Und das auf dem ganz normalen Weg, den es seit 1986 gab. Seit da war es möglich, für bestimmte Ausnahmen in den Westen reisen zu dürfen. Mir ist es zunächst abgelehnt worden, und das Genehmigungsverfahren gestaltete sich sehr kompliziert und aufwendig.

»Warum haben Sie sich denn nicht an mich gewandt? Ich hätte das doch für Sie klären können.« Nein, das ganz sicher nicht. Ich wollte das nicht. Ich war hellhörig geworden und konnte mir gut vorstellen, wie es funktionieren kann: Heute macht er was für mich. Nach einer Zeit kommt er wieder. »Ich hab doch damals für Sie, jetzt können Sie doch bitte für mich ...« Nein, das nicht, nicht mit mir. Ich bin erschrocken. So schnell kann es gehen. Mir fällt es nicht schwer, seine Angebote auszuschlagen. Aber wenn es um mehr gehen würde, wenn es um eine richtige Notlage ginge und um Hilfe, die ich wirklich brauche? Wer könnte da noch für sich garantieren, nicht doch Angebote anzunehmen, für die später eine Gegenleistung erwartet wird?

So harmlos kann es anfangen, und dann könnte es ganz schnell gehen, dass ich in die STASI gerate.

Mich macht dieses Erleben sehr nachdenklich.

Kaum jemand in den Dörfern hat ein Telefon. Im Pfarramt ist ein Anschluss, der gemeinsam mit dem LPG-Büro (Landwirtschaftliche Produktionsgenossenschaft), wenn auch mit verschiedenen Nummern, genutzt wird.

Wenn es etwas zu besprechen gibt, rein ins Auto, losfahren; und wenn niemand zu Hause ist, dann war es eben vergeblich. Später ein neuer Versuch.

»Frau Pastor, es gibt Zement«, solche oder ähnliche Informationen über die Lieferung von seltenen Waren bringen Bewegung ins Leben. Einsteigen, losfahren, einkaufen, und dann zu Hause: »Wer lädt mir das bitte mal aus?« Meine Kraft reicht nicht, und das nicht nur für Kalk- und Zementsäcke. –

Zum Gottesdienst bin ich alle 14 Tage in jedem der Dörfer. Das heißt, ein Wochenende hab ich zwei, das andere Wochenende drei Gottesdienste, und das mit drei, manchmal fünf, manchmal sogar acht oder zehn Teilnehmern. Manchmal kommt auch niemand. Dann bin ich da und lerne etwas über den Gottesdienst in der himmlischen Welt. Ich bin sicher, da ist immer Gottesdienst, und wenn kein Mensch in die Kirche gekommen ist, darf ich da allein mitfeiern.

Eines Tages ein Anruf: »Frau Pastor, es ist so kalt, die Kirchentür klemmt. Kommen Sie doch morgen lieber nicht zum Gottesdienst, das ist doch nicht nötig.« Ist es nicht sinnvoll, generell Gottesdienste zusammenzulegen, andere zu streichen? Oft habe ich doch schon gehört: »Frau Pastor, einmal im Monat reicht doch.«

Ich fange an, darüber konkret nachzudenken. Aber ich kriege keinen Frieden darüber. In der momentanen Situation ist der Gottesdienst sozusagen das einzige »missionarische Instrument«, das ich zur Verfügung habe, um überhaupt erst mal die Menschen zu erreichen, die zur Kirche dazugehören. Ich könnte reduzieren, wenn ich andere Möglichkeiten für anderes hätte. Aber wie soll das gehen? Was geht überhaupt?

Ich mache viele Besuche in der Zeit. Manchmal zu viele. Ich kann das, was ich da erlebe, kaum verarbeiten. Vor allem eine Vorstellung wird als Illusion entlarvt. »Alte Leute sind fromm«, habe ich auch immer gedacht. Aber das Glaubenszeugnis, das ich weithin zu hören bekomme, heißt nur: »Ach, als wir noch Kinder waren, zu Weihnachten – das war immer feierlich.«

Es gibt in einigen der Dörfer eine feste Wintertradition: Bibelwoche. Man trifft sich in einer Woche drei oder mehrere Abende und hat einen Abschlussgottesdienst. Alles zu einer bestimmten Textreihe.

Zum ersten Abend solch einer Woche nehme ich in eins der Dörfer Bibeln aus dem Gemeinderaum mit. Ich teile sie aus und sage: »Morgen bringen Sie mal Ihre eigene Bibel mit. Da findet man sich besser zurecht. Und das ist doch auch schöner mit der eigenen Bibel.«

Eine alte Frau, weit über 70, schaut mich an: »Meine Bibel,

Frau Pastor, die ist auf der Flucht verloren gegangen.« – 44 Jahre sind seitdem vergangen. 44 Jahre ohne Bibel. Jetzt wundere ich mich eigentlich über nichts mehr.

Was wird werden in diesen Gemeinden, und was wird eigentlich aus mir?

In einem Gespräch, in dem ich mal wieder Hilfe suche, spricht mein Gegenüber die Opferung Isaaks an: *Alles* auf den Altar legen, *alles*. Buchholz und Umgebung, alle Pläne und Konzepte, alle Hoffnungen.

»Herr, und wenn hier sichtbar NICHTS geschehen sollte in der Zeit meines Dienstes, so will ich dir dennoch danken, dass ich dir hier dienen durfte.« So bete ich in dieser Zeit. Dann aber der Gedanke: *»Was wird, wenn die Menschen verloren gehen, an denen so viel versäumt und verdorben wurde?«* (Tgb. 8. Nov. 1988). Das bedrückt mich zunehmend, zumal ich inzwischen einiges mitgekriegt habe von dem, was hier in den Jahren zuvor gelaufen ist. Es ist viel Schuld geschehen. Und jetzt? Die Verlorenheit der Menschen wird zunehmend zu meinem Thema.

Es ist wieder Gemeinderüstzeit vom »Bruderkreis«, diese evangelistisch-seelsorgerlich ausgerichtete Woche mit etwa 100 Personen aller Altersgruppen.

Wochenlang habe ich gehofft und gebetet: »Herr, schenke mir, dass ein ›Trabi‹ voll Leute aus dem Buchholzer Bereich mitkommt!« Sechs Frauen kommen mit. Schon das ein Wunder!

Sie kehren verändert nach Hause zurück. –

»Jetzt müssen wir uns aber zu Hause auch treffen.« Im Februar 1989 beginnt unser Bibel-Gebetskreis. Frauen, alle so um die 50 oder 60, treffen sich jeden Montagabend zum Bibellesen, zum Austausch, zum Singen und zum Beten. Alles muss erst noch geübt werden, vor allem das gemeinsame Gebet. Immer wieder ermutige ich: »Auch ein halber Satz ist ein Gebet.«

Immer wieder passiert es, dass nach einem halben Satz alles andere in Tränen erstickt ist.

»Warum können wir nicht so frei beten? Warum fangen wir immer wieder an, dabei zu weinen?«, fragen sie. Mein Empfinden: Ausgetrocknete, dürre Seelen bekommen Kontakt zur

Liebe Gottes, da bricht so viel Hartes auf, da schmilzt so vieles weg. Da sind Tränen ganz normal.

Eine der Frauen sitzt vor mir, völlig aufgelöst, glücklich und zugleich empört. Ihr Mann ist Kirchenältester. Sie hat sich schon immer zur Kirchengemeinde gehalten: »Warum hat uns das keiner früher gesagt? Dass Jesus richtig was mit unserem Leben, mit dem Alltag zu tun hat. Es ist ja alles ganz anders. Ich fühle mich wie neugeboren.«

Ich bin glücklich. Da ist jemand von neuem geboren, und das mit fast 60 Jahren. Und ich bin schmerzlich betroffen. Warum hat ihr das keiner früher gesagt, dass man von neuem geboren werden kann?

Eine andere berichtet: »Also, ich fand das alles ja ganz eigenartig. Ich hatte mir fest vorgenommen, wenn ich nach Hause komme, dann gehe ich erst mal zur Frau vom Superintendenten und frage, ob die Frau Eichler nicht doch von einer Sekte kommt.« Strahlend fügt sie hinzu: »Aber dann hat Gott mich gerade noch rechtzeitig erwischt. Ich weiß jetzt, dass ich zu ihm gehöre und dass Frau Eichler nicht von einer Sekte ist.«

Ich bin glücklich. Neues hat begonnen. Und ich bin völlig kaputt.

Ich bin jetzt Pfarrer, Pfarrfrau, Küster, Hausmeister, Putzfrau, Jugendleiter, Sekretärin, Seelsorger, Diakon ...

Beschäftigt mit der Hausarbeit, wenn ich Gäste erwarte; so manches Mal beim Putzen und Aufräumen denke ich: »Ach, Pfarrer haben es gut: Sie haben eine Pfarrfrau an ihrer Seite, und wenn sie nicht verheiratet sind, dann gibt es Frauen in der Gemeinde, die ihrem Pfarrer helfen, denn ›Hauswirtschaft, Putzen, Kochen, das kann er doch nicht!‹ Ich bin eine Frau. Ich *muss* das selber können. Pfarrer und Pfarrfrau in einer Person sein.«

Das Pfarrhaus mit 200 qm, das Gelände rundum mit etwa 3000 qm, eine halb fertige Garage, ein einstürzender Stall, fünf Kirchen. Das alles braucht eigentlich einen Hausmeister.

Den gibt es nicht, aber es gibt eine Pfarrerin, »Mädchen für alles«. Das ist »normal«, zuständig für Menschen und Gebäude, für alles – egal ob man etwas davon versteht oder nicht.

Es ist zu viel, nicht nur die Arbeit, sondern schon das Gefühl für alles zuständig zu sein, egal ob fähig oder nicht ...

Eine »Putzfrau« anstellen? Schön wär's, aber weder die Finanzen der Kirchengemeinde noch mein eigenes Gehalt würden dies zulassen. Außerdem: Die Frauen arbeiten fast alle in der LPG, kommen zu Hause selbst kaum rum. Und überhaupt: So etwas gibt es eigentlich nicht bei uns.

Geradezu wunderbar ist es, als nach einigen Jahren eine Frau von den Betern jede Woche kommt und den Gemeinderaum und den Flur sauber macht. Sie nimmt sich vor: Das mach ich, bis ich 70 werde. Leider hat sie dann mit dem Rücken zu tun und kann ihr Vorhaben nicht so lange umsetzen.

Martina wohnt seit 1988 mit im Pfarrhaus. Bestimmte Dienste sind geregelt zwischen uns, es gibt eine Hausordnung. Aber unsere Lebensträume, unsere Art zu leben und zu arbeiten – wir sind ja so verschieden!

Außerdem ist sie 8 Jahre jünger als ich. In diesem Alter ist das tatsächlich noch ein großer Altersunterschied.

Während ich schon manche Station hinter mir habe und mich jetzt mit dem Dienst in Buchholz sozusagen mit »Haut und Haaren« identifiziere, ist es für Martina das erste Mal, weg von zu Hause und nicht im Internat. Hier kann sie vieles ausprobieren. Sie lebt und genießt ihre Selbständigkeit.

Sie sucht nicht so sehr die Gemeinschaft, braucht die Beziehung zu mir nicht so sehr, so kommt es mir jedenfalls vor. Ich fühle mich manchmal allein gelassen.

»Da ist die Last des Dienstes – ich will sie zwar tragen, aber es ist Last.

Da ist die Last der Ehelosigkeit – ich will sie zwar tragen, aber es ist Last –, die tiefe Sehnsucht nach Armen, die mich umschließen, nach Erfahrungen annehmender Liebe.

Da ist die Last der Verantwortung. Ich bin körperlich am Ende, seelisch völlig ausgelaugt.« (Tgb. 27. März 1989)

»In mir ist immer ›du musst kämpfen, kämpfen, kämpfen‹, und dann ist in mir nur noch der Schrei ›Vater, ich kann nicht mehr – ich möchte Frieden finden in deinen Armen.‹ Ich kann mir nicht vorstellen, dass dieser Zwiespalt die Lösung ist.« (Tgb. 9. April 1989)

Ich komme mir vor wie am Abgrund, ein Schritt in die falsche Richtung, und es geht abwärts.

»Ein Hauch von Depression liegt in der Luft, und ich spüre: Wehe, ich gebe dem nach.« (Tgb. 9. April 1989)

Immerhin geht das so weit, dass ich ein Buch über Depressionen lese. Ich brauche Hilfe. Ich kenne mich selbst nicht mehr so recht.

Das Leben mit dem HERRN ist für mich sagenhaft umkämpft.

In den Sommerferien bin ich mit einigen Jugendlichen bei einer Kirchenwoche*. Dort lerne ich einen jungen Mann kennen. »Ich würde mich gern mal mit dir in Ruhe unterhalten, nach dieser Woche.«

Wir vereinbaren einen Besuch bei mir in Buchholz.

Er kommt öfter. Mich bewegt sehr viel. Es könnte doch sein: *»Der Vater sieht mich, meinen Willen, ihm zu dienen, mein Ja zur Ehelosigkeit, aber auch die große Last, die es mir ist. Er sieht, wie viel Kampf und wie viel Kraft es mich kostet und sagt: ›Mein Kind, lass es sein, du brauchst diese Last nicht zu tragen. Ich sehe, du kannst es nicht. Ich habe einen anderen Weg für dich, denn ich will dich ja fröhlich sehen.‹* ... Träume, Hoffnungen, Wünsche. *Und wenn er dann doch sagt: ›Gib's her.‹ Was dann?«* (Tgb. 30. Juli 1989)

Genau acht Wochen dauert diese Episode. Wir mögen uns sehr. Aber wir, vor allem er, ist klar genug zu erkennen, dass wir für eine Partnerschaft letztlich nicht die Voraussetzungen erfüllen.

* Kirchenwoche: In der DDR gab es in den 70er Jahren in verschiedenen Orten, vor allem in Sachsen, aber auch darüber hinaus sog. »Kirchenwochen«, große, zum Teil für DDR-Verhältnisse sehr große Sommerfreizeiten für Jugendliche und Familien. Diese Wochen schossen »wie Pilze aus dem Boden« und waren in den 80er Jahren ein Zentrum erwecklich-geistlichen Lebens in der DDR. Über eine Kirchengemeinde war ein erster hauptamtlicher Mitarbeiter angestellt worden. Nach der Wende entwickelte sich ein selbständiges Werk, das sich als »Offenes sozial-christliches Hilfswerk e.V.« mit Sitz in Bautzen konstituierte. Die Kirchenwochen sind deutlich weniger geworden. Schwerpunkte der Arbeit sind heute offene Sozialarbeit in Bautzen mit einem Café und ähnlichen Einrichtungen, Ostmission mit Schwerpunkt in der Ukraine und Teenagerfreizeiten.

Es ist ein tiefer Schmerz für mich, irgendwie hatte diese Beziehung für mich was Strohhalmartiges, aber zugleich weiß ich auch: Es ist gut so!

»Es ist, als ob eine Tür, die vorher zu war, aufgemacht worden ist. Ich dachte, es kommt jemand rein. Es kam keiner. Und jetzt ist solch Sturm draußen, dass die Tür, die nach innen öffnet, nicht wieder zuzukriegen ist.« (Tgb. 24. Sept. 1989) – So ungefähr komme ich mir beim Nachdenken über meine Situation im Blick auf mein Unverheiratetsein vor.

Es hat sich zugespitzt. Mein verändertes Umfeld (seit dem Vikariat bin ich das erste Mal mit viel mehr Verheirateten als mit Unverheirateten zusammen), die Einsamkeit in Buchholz und meine gesamte seelische Beschaffenheit tragen dazu bei, dass das Thema ehelos, allein stehend, Single – wie immer man es nennen will – für mich ein erhebliches Problemfeld geworden ist.

»Der Mensch ist eben geschaffen für einen anderen, mit dem er eins wird. Und hier fehlt eben was. Es fehlt der, der mal sagt: ›Ich hab dich lieb.‹ Es fehlt mir der, dem ich sagen kann: ›Ich hab dich lieb.‹ Es fehlen Zärtlichkeit, Anlehnung, die Möglichkeit, sich einem anderen ganz zu schenken. Es FEHLT eben wirklich, weil der Mensch so geschaffen ist – ich auch.« (Tgb. 18. März 1987)

Immerhin, meine Entscheidung für den Weg der Ehelosigkeit liegt zehn Jahre zurück. Damals war mir klar, dass Anfechtung kommen wird. Wirklich nicht verwunderlich!

Gerade das Zusammensein mit Ehepaaren, die ihre Zweisamkeit auch in der Öffentlichkeit gern und viel ausdrücken, ist für mich in dieser Situation nicht leicht zu verkraften.

»Menschliche Zuwendung, Lob, Annahme, Anerkennung, Liebesäußerungen sind nur für Eheleute da. Ehelose müssen sehen, wie sie fertig werden ohne dies.« (Tgb. 1. Juli 1987) – So kommt es mir vor.

Ich überblicke die Etappen auf meinem Weg: Da waren vor Jahren das Angesprochensein, der Ruf und ein freudiges Ja zu diesem Weg. Das Bewusstsein, dass Jesus mir ALLES sein will, setzte Freude über diese Berufung frei.

Jetzt, Jahre später, ist die Ehe für mich das »herrliche Land«, in dem ich auch gern leben möchte.

Ehelosigkeit heißt für mich nun geradezu »ungeliebt, unbehütet, ungeborgen«.

Und doch ist da ein Wissen: Es ist mein Weg! Tief in mir drinnen gibt es (immer noch) diese Klarheit. Ich gebe wieder mein Ja zu diesem Weg. Es ist nicht so freudig wie damals. Ich weiß inzwischen mehr über den Verzicht, den dieser Weg bedeutet. Aber Gott zwingt mich nicht. Ich spüre deutlich: Es ist ein Ja, das ich *nicht* geben *muss*. Ich ahne nur, es entspricht dem Leben, das Gott für mich vorgesehen hat, wie er totale Erfüllung für mich hat, auch wenn ich es momentan noch nicht sehe, noch nicht erlebe.

»In mir ist der Wunsch, dass es dabei bleiben kann: Verfügbar für den Herrn, einzig für ihn da zu sein. Mein Wunsch, doch ich kann es nicht vollbringen. Ich kann da eigentlich nur vertrauen, dass er es gut macht. Ich glaube, dass der Stand, in dem ich dann bleibe, nicht auf Dauer eine Last ist. Und letztlich hängt ja wohl alles von der Liebe zu Ihm ab. Davon ist so wenig in mir. Ich möchte ihn mehr lieben – aber wie?« (Tgb. 15. April 1989)

Da ist dieser Wunsch und immer noch die Sehnsucht nach einem Mann. Das bleibt so, auch nach dem Ende der Beziehung im Sommer 1989.

»Herr, warum hast du das dann zugelassen, dieses Miteinander in meiner Situation?« Es hat keinen Sinn, mich mit dieser Frage zu beschäftigen. Es bleiben eigentlich nur Psalm 23: »Der HERR ist mein Hirte, mir wird *nichts* mangeln ...«, und das Bekenntnis: »Er wird *alles* gut machen.«

Was mir besonders Mühe macht, ist die tiefe Überzeugung um mich herum: »Ehe ist normal, Ehe ist das einzig Wahre, das einzig Gute, das wahre Glück.« Diese Überzeugung wird mir mit und ohne Worte vermittelt. Es ist nicht leicht, als Unverheiratete mit Verheirateten zusammen zu sein, die unbewusst oder bewusst nur dies eine ausstrahlen. Sie gönnen mir das Gute, das Glück von Herzen, ja, sie wünschen es mir, sie kümmern sich vielleicht sogar darum, dass ich es (endlich) kriege. Aber was wird, wenn Gottes Wille für mich ein anderer ist? Wenn für mich das Gute, das Glück auf einem anderen Weg ist?

Ich habe Angst, dass für mich immer ein Defizit bleiben wird, dass es, selbst wenn ich es als meinen Weg annehme, trotzdem immer wehtun wird. Das ist mir ein furchtbarer Gedanke, der mich noch über eine beträchtliche Zeit beschäftigt und manchmal geradezu quält.

Ich habe Angst. Wenn ich doch wenigstens wüsste, *wie* es für mich weitergeht. Wenn ich wenigstens wüsste, ob mein Stand sich noch mal ändern wird oder ob es Gottes Wille und Weg für mich weiterhin ist. Und ob und wie ich da durchkommen werde. Wird es immer ein Schmerz sein?

Es vergeht einige Zeit mit diesen Fragen und Kämpfen.

»Es geht darum, dass das Vertrauen fest wird, das in dem, was ich im Grunde nicht will, Gottes Liebe sieht.« Ich lese diesen Satz und fühle mich ertappt, wieder mal. Genau das ist der Mangel in meinem Herzen: Vertrauen, das *überall* Gottes Liebe sieht, egal, was ist und was wird. *Ich kann nicht vertrauen.*

Ich bin im Urlaub. Dort suche ich das Gespräch mit einer guten Freundin. Ich schütte mein Herz aus. Ihre Reaktion? »Ich habe nur eine einfache Antwort für dich. Vertraue dem HERRN und gib dich ihm ganz hin.« Schon wieder. Genau das ist es ja.

Ich *kann nicht* vertrauen. Plötzlich ist *das* der tiefe Schmerz in meinem Herzen. Innerlich bin ich total aufgewühlt. Ich kann nicht schlafen, ringe mit mir und mit Gott. Am nächsten Morgen soll ich in der Hausgemeinschaft das Abendmahl einsetzen. Ich ringe um Worte und kämpfe mit den Tränen. Ein furchtbarer Zustand. Immerhin, eins krieg ich schon raus: »Herr, ich *will* dir *vertrauen.*« Das habe ich schon erlebt, dass diese Willenserklärung kostbar ist für Gott, selbst wenn sie nur unter Tränen gesagt wird. Es ist wie ein Gefäß, was ich Gott hinhalte. Und ER füllt es.

Ich kämpfe mich durch den Tag. Mich IHM *ganz* hingeben, habe ich das nicht schon x-mal getan? Und jetzt wieder und noch einmal. Ich habe Angst, den Schmerz der Einsamkeit eines Tages nicht mehr aushalten zu können.

Am Nachmittag liege ich »völlig fertig« auf dem Liegestuhl. Plötzlich ist es, als ob durch eine dicke Wolkenwand die Sonne durchbricht.

Zwei Gedanken, es sind Gebetsanliegen, werden allmählich ganz klar, und ich kann es aussprechen: *»Herr, ich bitte dich, lass die Liebe zwischen uns größer als meinen Schmerz werden, den ich jetzt empfunden und erlebt habe.«* Und das andere: *»Herr, ich höre auf, mir anzumaßen zu wissen, was das Beste für mich ist. Ich weiß es nämlich nicht.«* (Tgb. 23. Aug. 1993)

Da kehrt Frieden ein. Nach dem Kampf, nach den Tränen ist der Friede, der sich in mir ausbreitet, deutlichstes Zeugnis der Freude Jesu. Ich werde angesteckt von dieser Freude.

Siebtes Kapitel

Ruhen in der Wüste

»... der ruht auch von seinen Werken, so wie Gott von den seinen.« (Hebr. 4,10)

»Ich bin gescheitert ...«, das ist meine tiefe Überzeugung nach einigen Tagen im Krankenhaus. In meinem Inneren packe ich die Möbelwagen. »Buchholz, Gemeindepfarramt, das ist drei Nummern zu groß für mich. Ich schaffe das nicht. Ich geh daran kaputt. Das kann nicht der Wille Gottes sein!«

Es ist wieder unsere Rüstzeit. Etwa 100 Leute aller Altersstufen sind im Mai 1990 aus verschiedenen brandenburgischen Gemeinden für eine Woche in Woltersdorf bei Berlin zusammen. Es ist das dritte Mal, dass ich diese Zeit miterlebe und mitgestalte. Es ist ein »Superding« für alle, nur ich bin völlig daneben.

Die Zeiten, in denen die anderen froh Lieder singen und beten, sind für mich geradezu unerträglich. Es zerreißt mich förmlich. Manches Mal schleiche ich mich raus. Ich kann das einfach nicht ertragen. Was ist los mit mir? Ich weiß es auch nicht so recht. Ich weiß nur, dass mir alles zu viel ist. Seit Wochen ist in mir der Schrei: »Ich kann nicht mehr!« Aber was soll ich machen? Durchhalten, weitermachen ... tapfer sein. Der HERR wird doch helfen, oder?!

Ich suche Hilfe im Gespräch, im Gebet mit den Geschwistern. Am letzten Abend, als alles zu Ende ist, sind wir noch zusammen. Ich teile ihnen meine Not mit. Wir beten zusammen. Der HERR wird doch helfen!? Er hilft nicht, jedenfalls nicht so, wie ich es mir gedacht und erhofft habe.

Am nächsten Morgen, dem letzten Tag der Freizeit, wache ich auf, will aufstehen wie immer, aber es geht nicht. Alles dreht sich vor meinen Augen rasend schnell, ich selbst drehe mich, mein Magen dreht sich. Nur mit Mühe erreiche ich noch das Waschbecken.

Ein Blick in den Spiegel lässt mich erschrecken. Weiß wie die Wand starre ich mich selbst an.

Tränen schießen mir in die Augen, und schon wieder würgt es alles aus mir heraus. Ich kann nicht mehr.

Von hinten ist jemand an mich herangetreten und hält mir den Kopf.

Ich versuche tapfer zu sein. »Durchhalten!« Heute ist Abreise. Am Vormittag bewege ich mich auffällig langsam, versuche meinen Kopf nicht zu bewegen. Jede Kopfbewegung reizt diesen Schwindel. Es geht nicht. Ich kann nicht mehr. Mein Körper hat das Signal meiner Seele aufgenommen.

Gegen Mittag geht eine Frau der Gemeinde mit mir in das Krankenhaus, das sich direkt neben dem Freizeithaus befindet. Die Ärztin hört sich an, wie es mir geht, misst meinen Blutdruck. Sie und ich wissen, der Blutdruck ist es nicht, der diesen Schwindel verursacht.

Dann sagt sie ganz klar, ohne dass Widerspruch möglich wäre: »Sie sind nicht reisefähig. Sie müssen hier bleiben.« In mir wehrt sich alles dagegen, und zugleich bin ich unendlich froh. Endlich aussteigen! Endlich. Jetzt darf ich aufhören zu funktionieren, denn »es« funktioniert nicht mehr.

»... und sie ruhen von ihren Werken« – in mir ist dieser halbe Satz, von dem ich weiß, der steht in der Bibel. Aber wo und wozu?

Meinen Trabi fährt jemand anders nach Hause. Am Ende dieser Freizeit beginnen für mich Wochen einer besonderen »Freizeit«. Ich werde nach Ludwigslust verlegt. Dort bin ich dann auf der gleichen Station, auf der ich vor Jahren mal gearbeitet habe, für 4 Wochen Patient. Das hätte ich mir nicht träumen lassen. Die meiste Zeit liege ich mit einer Dame um die siebzig in einem Zimmer. Immer wieder denke ich, dass man wohl unsere Geburtsdaten verwechselt hat. Sie springt umher wie ein junges Reh. Ich halte mich an der Wand fest, wenn ich über den Flur gehe.

»... und sie ruhen von ihren Werken.« Bei erster Gelegenheit habe ich mir eine Konkordanz bringen lassen. Ich finde Hebräer 4, Verse 10-11: *»Denn wer zu Gottes Ruhe gekommen ist, der ruht auch von seinen Werken, so wie Gott von den seinen. So lasst uns*

nun bemüht sein, zu dieser Ruhe zu kommen, damit nicht jemand zu Fall komme durch den gleichen Ungehorsam.«

Ich weiß, das ist das Thema, um das es jetzt für mich geht.

»Zwei Jahre im Pfarramt und schon fertig?! Das kann doch nicht der Wille Gottes sein! Oder?« (Tgb. 3. Juni 1990). Mein Gebetsleben besteht jetzt aus Psalm 23, Vers 1: *»Der Herr ist mein Hirte, mir wird nichts mangeln.«* Mehr hab ich über weite Strecken nicht. Dabei bleibt mir die zweite Hälfte des Verses schon fast im Hals stecken.

Ganz oft am Tag sage ich: »Herr, hier bin ich.« Mehr bleibt mir nicht. Sonst nur die Fragen: Warum? Wozu? Wie geht es weiter? Wo ist ER? Was will ER?

Das Schlimmste sind die Rückfälle. Wenn ich morgens aufwache – und wieder dreht sich alles. Wieder fange ich von vorn an. Ein paar Mal in dieser Zeit ist es so.

Ich erschrecke: Jesus fragt manchmal Menschen, denen er begegnet: »Willst du gesund werden?« Nein, ich nicht! Gesund sein, das würde heißen, Kraft haben, äußerlich und innerlich, körperlich und seelisch. Ich habe keine Kraft mehr. Ich habe nur noch Angst. Innerlich packe ich Möbelwagen ...

Die Ärzte geben sich alle Mühe. So ziemlich alle Fachrichtungen werden herbeigezogen. Man will »was Ernstes« ausschließen. Mir ist es ernst genug. Ein Morbus Ménière soll es sein, heißt es. Verursacht wird das durch Überforderung, Ärger, Stress oder falsche Ernährung.

Jeden Tag bekomme ich eine Infusion. Das Medikament reizt die Venen. Es tut sehr weh, meine Arme sind beide schon dick.

Meine Eltern schauen täglich bei mir rein. Wenn es mir besser geht, kann ich das Krankenhaus verlassen. Diese Ausflüge tun gut, sind aber nicht allzu häufig möglich.

Es ist Pfingsten. Der Heilige Geist, die Kraft Gottes, wird ausgegossen. Für mich fällt Pfingsten in diesem Jahr aus.

Quälende Fragen, zwischendrin auch immer wieder die Gewissheit: *»Herr, du bist da, das halte ich fest.«* Doch: *»Ich soll hier ruhen. Aber was soll diese Ruhe, wenn sie allmählich zur Qual wird, weil es eine Ruhe in der Wüste ist und nicht an der Oase?«* (Tgb. 10. Juni 1990)

Meine Fragen bleiben ohne Antwort.

In der Wüste – noch nie habe ich das so stark erlebt und empfunden. Werde ich IHM mal wieder dienen können? Ein Bruder sagt mir: »Vielleicht dienst du IHM jetzt am allermeisten. Wir denken so aktivistisch vom Dienst.«

Wie kann es weitergehen? Immer wieder diese Frage.

Der Entsendungsdienst in den Buchholzer Gemeinden, diese ersten drei Jahre im Pfarramt, dauert noch ein Jahr. Aber: Wie soll das zugehen? Bei dieser Frage werde ich erinnert an eine Predigt, die ich im Dezember zuvor gehalten habe. Maria fragt so, und sie bekommt eine Antwort: *»Der Engel antwortete und sprach zu ihr: Der heilige Geist wird über dich kommen, und die Kraft des Höchsten wird dich überschatten; ... Und siehe, Elisabeth, deine Verwandte, ist auch schwanger ... Denn bei Gott ist kein Ding unmöglich.«* (Lk. 1,35ff)

Das bewegt mich: »Der heilige Geist wird über dich kommen ... bei Gott ist kein Ding unmöglich.« Was ich damals gepredigt habe, will ich jetzt glauben. Und wozu ich damals aufforderte, will ich jetzt selbst tun: *»Maria aber sprach: Siehe, ich bin des Herrn Magd; mir geschehe, wie du gesagt hast.« (Lk. 1,38)*

Hingabe von Menschen als Schlüssel für das Handeln Gottes. Dies Geheimnis ist mir nicht fremd. Ich versuche neu, mich dort einzufinden. »Herr, ich bin deine Magd.« Maria tut keine großen Dinge. Sie tut nichts ... sie stellt sich nur vorbehaltlos zur Verfügung. Sie tut nicht die Werke Gottes, sondern hält sich dafür bereit, dass ER sein Werk tun kann – »ruhen von eigenen Werken ...«

Ich kenne das Wort aus Hosea 2,6: *»Darum siehe, ich will sie locken und will sie in die Wüste führen und freundlich mit ihr reden.«* Wird ER auch mit mir freundlich reden? Werde ich es hören können?

Am Horizont tut sich zaghaft etwas auf, was mehr ist als das, was ich schon kenne.

Schwester Reni schreibt mir: »... aus der Herzensgemeinschaft mit IHM zu leben und zu dienen wird der Sinn deines Lebens sein. Und diese Gemeinschaft zärtlich zu hüten, wird von Seiner und deiner Seite das Wichtigste sein ...«

»Ich denke, dass das trifft und dass ich hier auch etwas davon

wieder finde, was ich in der letzten Zeit oft so empfunden habe: ›Ich lebe an meiner Berufung vorbei‹, weil mir eben genau dies in Buchholz nicht gelungen ist. Wenn ich wieder dort bin, werde ich es versuchen.« (Tgb. 25. Juni 1990)

»Wenn ich wieder dort bin«, es gibt erste zaghafte Gedanken nach vorn, nach Buchholz. Der HERR hat mir noch nicht gesagt, dass ich jetzt aus Buchholz weggehen soll. ER will es wohl noch mal mit mir versuchen ... und ich mit IHM.

Nach 4 Wochen werde ich aus dem Krankenhaus entlassen. Die Krankschreibung aber geht noch weiter. Der Superintendent rät mir: »Kommen Sie bloß noch nicht nach Buchholz! Erholen Sie sich.«

Freunde haben mich eingeladen, schon als ich noch im Krankenhaus lag: »Wir würden dich jetzt so gern bei uns haben, zum Reden, Beten und Verwöhnen.«

Das ist ein Angebot! Ich will es annehmen. Aber sie wohnen in Franken, in Neudrossenfeld, eine Autostunde nördlich von Nürnberg. Wie kann ich da hinkommen?

Allein der Gedanke, beim Zugfahren umsteigen zu müssen, versetzt mich in Panik. Ich bin wirklich noch nicht wieder gesund. Ich bin dem Alltag überhaupt noch nicht gewachsen.

Wie komme ich von Ludwigslust die etwa 500 Kilometer bis zu diesen Freunden?

Es ist der Tag der Währungsunion. Diese politisch so bewegte und bedeutende Zeit geht ziemlich unbemerkt an mir vorüber. Ich kriege das alles fast nicht mit. Nur hier wird es für mich sehr persönlich, sehr wichtig. Mein Motto: »Außergewöhnliche Umstände erfordern außergewöhnliche Maßnahmen«. Wir bekommen DM. Meine Mutter bringt mich mit einem Taxi von Ludwigslust nach Hamburg, 120 Kilometer. Sie setzt mich in den ICE nach Nürnberg. Dort werde ich abgeholt.

Ein kleiner Kreis trifft sich an diesem Abend im Haus meiner Freunde. Sie laden mich ein, mit ihnen das Abendmahl zu feiern. Sie beten für mich. Dabei hat jemand ein inneres Bild: Ein Stacheldrahtzaun ist zwischen ausgemergelten, hungernden Menschen und mir. Ich will zu diesen Menschen, aber es gelingt mir nicht. Über mir ist der Heilige Geist. ER will von oben wirken, was ich nicht wirken kann, will diese Menschen erreichen. In diesem Bild ist der Ruf an mich: »Erhebe deinen Blick!« Mir hilft dieser Eindruck, etwas von meiner Situation zu verstehen, und ich weiß, ich brauche ganz neu diesen Blick nach oben.

»Es wird alles gut werden!« Mit dieser Gewissheit gehe ich an diesem längsten Tag seit Wochen total erschöpft, aber froh ins Bett.

Vier Kinder sind in dem Haus aufgewachsen, in dem ich zu Gast bin. Ganz am Rande der Ortschaft liegt es, direkt am Feld. Die Einladung zum Spazierengehen erreicht mich durch jedes Fenster. Es ist schön hier. Schon die Umgebung, die Terrasse, der Garten, das Haus. Das alles hat es mir angetan.

Als junge Eheleute mit dem ersten Kind kamen sie hierher. »Selbst gebaut«, habe ich bei einer Hausbegehung während meines ersten Besuchs erfahren. Das Besondere an diesem Haus: Im Erdgeschoss kann man von jedem Zimmer aus ins Freie gelangen, und es ist fast alles aus Holz. »Urig« ist es hier.

Er, Christoph, ist Lehrer, inzwischen seit Jahren in der Lehrerausbildung tätig. Man merkt es ihm an, diese Arbeit macht ihm Freude. Sie, Christl, ist zu Hause. Die eigenen Kinder, zwei gehen noch zur Schule, und ihr Engagement in der Kirchengemeinde füllen ihr Leben überreich aus. Manchmal kommt es mir in ihrem Haus vor, als wäre ich in einem Pfarrhaus. Sie haben unzählige Kontakte, viele suchen ein Gespräch mit ihnen, brauchen Ermutigung oder praktische Hilfe. Vor allem Gebet, Fürbitte, merke ich bald, macht ihr Leben aus.

In den folgenden Tagen sitze ich stundenlang in der Küche. Christl arbeitet, ich erzähle. Unzählige Erlebnisse aus den vergangenen Jahren tauchen auf.

Was mir da alles einfällt!

Zum Beispiel ein Familiengottesdienst, gemeinsam mit Martina mit viel Mühe vorbereitet, viele Ideen haben wir entwickelt, mit Handzetteln dazu eingeladen. Am Sonntagmorgen ist eine Hand voll Leute da, unter ihnen nur ein Kind. Und dann Familiengottesdienst? Was soll das?

Gottesdienste fallen mir ein, in denen ich den Eindruck

habe, die, die gekommen sind, haben »Öljacken« an. Alles perlt ab. Es kommt nichts an. Es schaut mich auch keiner an.

Oft vergebliche Mühe. Oft keiner, der hilft. Oft allein. Was mache ich verkehrt? Hat das alles gar keinen Zweck?! Was hatten sie mir damals im Konsistorium gesagt? »Gehen Sie mal nach Buchholz, und schauen Sie, ob sich da irgendwas zum Leben erwecken lässt.« Ja, wollen die mich denn kaputtmachen?!

Oder: Das Haus mit der Kohleheizung. Morgens das Erste: Kohlen aus dem Schuppen holen, 8 bis 10 Eimer für den Tag. Und doch ist es oft einfach nur kalt im Haus. An einem Tag, an dem ich sowieso schon genug Mühe hatte, schütte ich Kohlen in den Ofen, gehe in mein Arbeitszimmer, nach ungefähr einer halben Stunde komme ich zurück in die Küche, um nach dem Ofen zu sehen. Es ist nichts zu sehen, nur Qualm, alles ist voll mit beißendem Qualm und Gestank. Ich renne zum Fenster, ich schreie: »Martina!« Sie ist mit Kindern im Gemeinderaum und kommt angerannt. Ich habe den Schaden entdeckt. Das Ofenrohr ist aus der Wand gerutscht. Statt in den Schornstein ist der Qualm ins Esszimmer gezogen. Ich schreie, steige auf einen Stuhl, drücke das Ofenrohr in die Wand und weine, weine nur noch.

Solche Erlebnisse, solche Geschichten kommen aus mir heraus. Enttäuschungen, Überforderungen, Vergeblichkeit, Schmerz. Ich bin zutiefst verletzt.

In der zweiten Woche bei diesen Freunden ist viel Zeit zum Gebet. So habe ich das noch nie erlebt: Stundenlang sind wir gemeinsam vor Gott. Wir bringen IHM meinen Schmerz, diese Erlebnisse, die mich zutiefst verletzt und überfordert haben. Entlastung geschieht. Ich kann wieder durchatmen. Zuspruch Gottes fällt in mein Leben hinein.

Die Entlastung merke ich auch daran, dass ich nachts wieder schlafen kann. Dann komme ich zu einer klaren Entschlossenheit: »Ich will da durch, koste es, was es wolle.« Das ist jetzt das klare JA auf die Frage Jesu: »Willst du gesund werden?« »Ja, ich will! Ich will gesund werden, ganz gesund werden.« Das heißt für mich nicht nur, dass körperlich alles wieder läuft und ich wieder loslaufen kann. Nein. Es geht um mehr. Es geht um meine Seele, um meinen Geist, es geht um mein Leben.

Wir gehen auf die Suche nach dem, was mein Leben angegriffen und zerstört hat. Wir finden Sünde. Stolz in verschiedenen Ausprägungen und Formen, meistens ganz versteckt. Stolz auf das Pfarramt, auf Titel und Stellung, auf meinen Einsatz, mein Können und meine Leistung, auf mein Durchhalten.

Ich entdecke Unglauben, Misstrauen gegen Gott. Ich brauche Vergebung.

Überall, wo Schuld in meinem Leben ist, konnten sich Schatten auf mein Leben legen, Schatten des Todes. Kraft wurde abgezapft. Tod konnte mitten ins Leben eindringen.

Vieles ist fast abgestorben, wie besetzt. Es ist deutlich, wie meine Freiheit als Kind Gottes verloren gegangen ist. Ich bin nicht mehr das befreite, fröhliche Kind Gottes, zu dem Jesus mich erlöst hat. Ich bin eine verletzte, enttäuschte, abgekämpfte, nahezu frustrierte und resignierte Kämpferin geworden.

Es beginnt ein Prozess, in dem der Heilige Geist Schicht für Schicht aufdeckt. In dieser Zeit begleitet uns das Wort: *»Ihr werdet die Wahrheit erkennen und die Wahrheit wird euch frei machen«* (Joh. 8,32).

Es wird zu meinem Bekenntnis: »Die Wahrheit wird mich frei machen!« Wahrheit braucht Mut.

Im Gebet wird klar, wie der Teufel seine Finger im Spiel hat. Er will rauben, zerstören, vernichten. In der Zeit, die hinter mir liegt, konnte er tatsächlich Land in mir gewinnen. Manches ahnen wir nur. Mir ist Freiheit geraubt, Freude vernichtet, Glaube abhanden gekommen. Und die große Angst in meiner Seele, was ist sie anderes als das Mittel des Feindes, mein Leben zu zerstören und meinen Dienst zu hindern?

Es ist ein langer Weg und manches Mal ein Kampf. Doch so, wie ich spüre, dass sich Dinge, Gefühle, Gedanken in mir verändern, so weiß ich, dass sich dies alles lohnt.

Das, was schon geschehen ist, ist für mich wie ein Unterpfand für den vollkommenen Durchbruch, die ganze Befreiung und Heilung.

Beim Blick nach vorn geht es vor allem um die Prioritäten. Das dumme Gefühl, ich lebe an meiner Berufung vorbei, hat wohl weniger mit Umständen, Zuständen und Missständen zu tun, als vielmehr mit meinem Versäumnis in der Beziehung zu meinem HERRN, der mich liebt.

Liebe braucht Zeit. Sie lässt sich nicht »nebenbei« erledigen. Und Liebe erschöpft sich nicht in »guten Taten« für den Geliebten, sondern im Sein bei IHM.

Hier finde ich einen Schlüssel für den Weg in die Zukunft.

Nach elf Wochen Auszeit kehre ich nach Buchholz zurück. »Und wenn ich dabei draufgehe ...« Das Wort der Ester erklingt in mir: *»Komme ich um, so komme ich um«* (Est. 4,16c). Das, was ich vor Jahren in jenem Buch von W. I. Thomas »Tote können nicht sterben« gelesen hatte, das wird jetzt bedeutsam für mich. Diese Frau dringt durch zu einer klaren Entscheidung, die Rettung von Menschen ist ihr mehr wert als ihre eigene Sicherheit, als ihr eigenes Leben.

In den Buchholzer Kirchgemeinden war alles ruhig. Ein Vierteljahr ohne besondere Ereignisse.

Ja, kaum jemand hat mich vermisst. Außer den Frauen vom Bibel-Gebetskreis. Jeden Montagabend haben sie sich getroffen. Nur einmal passierte es, erzählen sie mir, dass sie nach dem Abend zu Hause merkten: »Wir haben ja gar nicht zusammen gebetet.« In den folgenden Wochen beten sie immer bei ihren Treffen. Auch dafür, dass ich bald gesund zurückkomme. –

Mit neuen Prioritäten beginne ich meinen Dienst.

Zuerst und vor allem die Beziehung zu Jesus, zuerst und vor allem das Reich Gottes. Das war mir in meiner langen Krankheitszeit sehr deutlich geworden. Ich kannte die Verheißung, aber ich konnte sie eigentlich nicht mehr hören: *»... dann wird euch alles andere zufallen* (Mt. 6,33). Mir war nichts mehr zugefallen! Ich musste um so vieles kämpfen, und am Ende war mir vieles geraubt. Klar: Die Verheißung gilt denen, die zuerst nach Gottes Reich trachten. Und das hat gar nicht so viel mit meiner Arbeit, sondern viel mehr mit Jesus zu tun, mit meiner Beziehung zu IHM, mit meiner Liebe zu IHM. Die Arbeit hatte alles verschlungen. Da war keine Zeit, auch innerlich kein Raum mehr für die Herzensbegegnung mit Jesus.

Liebe braucht für den Geliebten Zeit und Raum, dieser aber war zunehmend besetzt von dem, was ich für ihn tun wollte.

Achtes Kapitel

Kostbare Perlen gefunden

»Komme ich um, so komme ich um.« (Ester 4,16c)

»Wie wär's denn, wenn welche von uns kämen, um für dich und mit dir zu beten?« Mit dieser Frage endet der Besuch von zwei Mitarbeitern der Ökumenischen Kirchenwochenarbeit* in Buchholz. Sie hatten sich angemeldet zum Kontaktbesuch; mal hören, wie's geht, fragen, ob man helfen kann.

»Ja, auf so was warte ich schon lange, bitte kommt!« Diese Antwort gebe ich, ohne lange zu überlegen. Ich brauche Hilfe.

Auch ein Jahr nach der tiefen Krise durch die Krankheit sind mein Leben und Arbeiten in Buchholz immer noch mehr Kampf und Krampf als alles andere. Es ist nicht mehr dasselbe, nein, das nicht. Aber es ist unsagbar schwer, nach wie vor.

Gegen Ende der drei Jahre Entsendungszeit in den Gemeindedienst ist die Frage nach meiner Zukunft noch offen. Monate schon habe ich darum gerungen. Wie sehr wünsche ich mir eine klare, unzweifelhafte Antwort von Gott, so ein Wort »direkt vom Himmel«. So etwas gibt es, aber nicht für mich in dieser Situation.

Die Perspektive zum Taubblindendienst habe ich in den vergangenen Jahren mehr und mehr aus dem Blick verloren. Die Perspektive Pfarramt in Buchholz macht mir Angst. Es gibt auch noch andere Möglichkeiten. Gern hätte ich ein Jahr Zeit gehabt, um zu fragen, zu prüfen und auszuprobieren. Das scheint mir besonders im Blick auf den Taubblindendienst nötig. Ich versuche einiges. Es tut sich kein Weg auf für solch eine Auszeit.

Also erst mal bleiben und sehen, was passiert. Es gibt keinen Zeitdruck, nur meinen Wunsch, irgendwann ganze Klarheit zu haben.

* Kirchenwochenarbeit ist erläutert in Anmerkungen zum 6. Kapitel.

Die »Kirchenwochenleute« kommen, Jens und Käte (eigentlich heißt sie Katrin, aber niemand nennt sie so, und kaum einer weiß, dass sie so heißt), ein junges Ehepaar. Seit einigen Jahren arbeiten sie bei der »Kirchenwochenarbeit«, zunächst ehrenamtlich, jetzt hauptamtlich im Büro in Bautzen.

Er ist Berliner und kommt, wie er stolz erzählt, »richtig aus der Welt«. Erst mit 18 hörte er von Jesus, machte später einen neuen Anfang und wurde getauft. Sie kommt aus einem Pfarrhaus im Vogtland, eine ganz andere Welt. Kennen gelernt haben sie sich bei einer Kirchenwoche, bei einer dieser riesigen Sommer-Freizeiten in einer Kirchengemeinde. Sie war im Lobpreisteam eingesetzt. Mit ihrer Art, so wird immer wieder gesagt, hilft sie anderen sehr, die Gegenwart Gottes bewusst wahrzunehmen und sich ihr auszusetzen. Ihre Unmittelbarkeit im Gebet hilft anderen, sich auf die Unmittelbarkeit zu Gott einzulassen. Jens war Küchenchef. Als Praktiker, organisatorisch begabt, hat er diesen »Job« nicht nur hier. Bei den Kirchenwochen ist Küche durchaus Männersache.

Nach ihrem ersten Wochenende in der Prignitz sitzen wir zusammen und tauschen uns aus. Sie erzählen von ihren Erlebnissen und Eindrücken beim Gebet. Ein Satz begleitet uns über Jahre: »Der Teufel *tut* groß, aber Gott *ist* groß.«

Für Jens und Käte steht fest: »Wir kommen wieder und wir bringen andere mit.«

Die Gebetswochenenden werden zu einer festen Einrichtung im Buchholzer Pfarrbereich.

Wir treffen uns mit den Buchholzer Betern zum Gebetsfrühstück, auch das wird eine beliebte Einrichtung. Wir fahren in die Dörfer, beten in den verschiedenen Kirchen. Und zwischendrin packen die Beter zu. 8 Leute in 2 Stunden, das sind 16 Arbeitsstunden. Was in 2 Stunden geschieht, hat sonst 2 Tage gedauert oder ging gar nicht. Rasen mähen, Umgraben, Wege freilegen, Unkraut jäten, Schaukasten einbetonieren ...

Welch ein Geschenk! Ich bin glücklich.

Meine Freunde, die mich vor einem Jahr durch die Krankheitszeit begleitet haben, Christl und Christoph, besuchen mich.

Das ist für mich ein Höhepunkt. Mit ihnen gemeinsam durch die Dörfer zu fahren, in den Kirchen zu sitzen, zu reden, zu beten. Ich taue förmlich auf.

Wir sitzen in meinem Wohnzimmer und beten zusammen. Da hält er inne: »Ich habe ein Bild vor meinem inneren Auge. Ich sehe einen Adler, bedrohlich sieht er aus, feindlich, zerstörerisch. Er hält in seinen Fängen eine kleine, menschliche Gestalt und will sie wegschleppen.« Seine Frage an mich: »Kannst du damit was anfangen?« Und ob! Und wie! Ja, genau so fühle ich mich seit langem, bedroht, gefangen, in der Luft hängend ... weggeschleppt, in Gefahr. Das ist mein tief inneres Lebensgefühl. Immer wenn ich mir Zeit lasse, mich selbst wahrzunehmen, wenn ich Raum habe, mir selbst zu begegnen, dann ist dieses Grundgefühl da: Bedrohung. Wir beten weiter und loben die Kraft und den Sieg Jesu über allem und über mir und meinem Leben. Nach einer Weile hält er wieder inne: »Das Bild hat sich gewandelt: Ich sehe das Lamm mit der Siegesfahne.« Ich atme auf und atme durch. Mir ist, als wären Zentner von mir gefallen. (Tgb. 4. Aug. 1991)

Also spinne ich nicht, liegt es nicht an mir, passiert hier etwas zwischen Himmel und Erde, was tatsächlich mein Leben bedroht, meinen Dienst verhindern will? Mir ist diese Wirklichkeit nicht fremd, aber wie sehr mich das in dieser Zeit persönlich betrifft – das war mir bisher unbekannt. Ich hatte eine Ahnung, aber nie eine Gewissheit. Nach diesem Gebet ist für mich vieles einfach verändert. Ich bin überrascht und begeistert.

In Nacharbeit zu ihrem Besuch – wir haben viel darüber gesprochen – lese ich ein Buch mit dem einfachen Titel »Gnade«*. Das wird das Thema für kommende Wochen und Monate. Ich merke, wie Gott dabei ist, seine Umpflanzungsarbeiten fortzusetzen, mit denen ER seit einem Jahr beschäftigt ist. Heraus aus dem Boden meiner Kraft, meines Könnens und meiner Leistung, meiner Schuld und meines Versagens – hinein in den Boden Seiner Gnade. Und das ist was ganz anderes. –

* Wolfhard Margies, *Gnade*, Aufbruch Verlag, Berlin

Im September fahre ich zu einem Seelsorgeseminar. Ein befreundeter Pfarrer aus der GGE in Bayern gibt mir diesen Rat und besorgt für mich eine Ermäßigung. Westpreise verschlagen mir nämlich immer noch die Sprache und mitunter die Möglichkeit, manches zu unternehmen.

Über 100 Leute sind da, vieles ist mir fremd. Ich setze mich in die letzte Reihe. Da ist mein Stammplatz bis gegen Ende der Woche. Erst mal beobachten, erst mal abwarten.

Herbert und Maria Prean*, Österreicher, Gründer und Leiter des Missionswerkes »Leben in Jesus Christus«, leiten und verantworten dieses Seminar. Der Anfang ihrer Arbeit in Deutschland liegt noch nicht so weit zurück. Es ist erstaunlich, welchen Zulauf sie haben.

Leute aus allen möglichen Gegenden Deutschlands, die meisten natürlich aus dem Süden. Aus dem Osten sind kaum welche dabei. Alle Altersgruppen, Berufsgruppen. Wahrlich eine bunte Mischung. Eins haben sie vermutlich alle gemeinsam: Auch wenn man es den meisten nicht ansieht, sie brauchen Hilfe. Ich auch.

Vieles ist mir fremd, aber die Botschaft, die passt. Und wie!

Als Maria über Zerbruch redet, habe ich das Gefühl, sie erzählt meine Geschichte.

Gott behandelt jeden einzeln, jeden extra. Jeder ist ein Original. Aber seine Hand ist dennoch zu erkennen, wie er dabei ist, aus uns zu formen und zu gestalten, was er für uns in seinem Herzen trägt. Maria erzählt, wie Perlen entstehen: Da dringt in eine Muschel etwas ein, ein Fremdkörper, Sand, etwas, was stört, und was zerstören kann. Die Muschel kann daran zu Grunde gehen. Aber wenn sie anfängt mit eben diesem zerstörerischen Eindringling zu arbeiten, wenn sie ihn einhüllt in Flüssigkeit, ihn umgibt mit sich selbst, dann vergehen Zeit und Zeiten, und es wird eine Perle draus. Etwas überaus Schö-

* Herbert Prean starb 1992. Maria leitet weiterhin das inzwischen stark gewachsene Missionswerk. Ein Hauptzweig ihrer Arbeit ist nach wie vor die Seminararbeit für verschiedene Zielgruppen, die vor allem in Österreich und in Deutschland angeboten wird.

nes, Kostbares, Begehrtes wird aus dem, was hätte zerstören und vernichten können. Das Bild prägt sich mir tief ein.

Plötzlich sehe ich vieles der vergangenen Jahre in einem ganz anderen Licht. Da war vieles, was mein Leben gestört hat, was eingedrungen ist durch Umstände und Missstände, durch Menschen und Situationen. Es hätte mich vernichten können. Aber da war Raum, dass ich damit umgehen konnte. Ich habe es eingehüllt mit vielen Tränen, mit Gebet, andere haben es mit mir zusammen getan. Ich habe das Zerstörerische aufgenommen und angenommen. Und damit hat es die zerstörerische Kraft verloren. Perlen werden daraus. Ich bin überwältigt und beglückt, mit diesem neuen Verständnis auf die vergangenen Jahre sehen zu können.

Am letzten Tag ist Abendmahl. Wir sind eingeladen, am vorbereiteten Tisch beim Mahl Zeit mit Jesus zu verbringen, zu fragen, zu hören, ob ER uns etwas sagt. Da höre ich in meinem Herzen ganz klar den Satz: *»Die Zeit der Bedrängnis ist vorbei.«* (Tgb. 8. Sept. 1991)

Das hab ich mir nicht ausgedacht. Das ist hineingefallen in mein Herz. Das hat ER mir gesagt. Ich höre es und bin überwältigt vor Freude. Das ist sein Wort. Und ich glaube es, denn die Zeichen deuteten schon darauf hin. Es hatte sich schon manches getan. Mein Ja zum Bleiben in Buchholz wird gefestigt.

Ganz am Ende noch etwas. Eigentlich ist schon alles vorbei, da heißt es, es sollen mal alle aufstehen, die aus der ehemaligen DDR kommen. Es sind wohl fünf, die stehen. Andere werden gebeten, auf sie zuzugehen und ihnen zu sagen, was ihnen auf dem Herzen ist im Blick auf Ost-West. Drei halte ich aus, dann breche ich in Tränen aus und suche mir eine Schwester, mit der ich in diesen Tagen schon manchmal gesprochen und gebetet habe.

Plötzlich kommt so viel Schmerz aus mir heraus. Damit hatte ich nicht gerechnet. Das ganze Gefühl, betrogen worden zu sein, zu kurz gekommen, ja »angeschissen« zu sein durch das Leben in der DDR. So viel Frust, Schmerz, Wut entlädt sich aus mir.

Wie gut! Nicht ins Leere hinein, sondern in den Armen dieser Schwester schütte ich es vor Jesus aus. Ich weiß gar nicht so recht, was geschieht. Aber im Nachhinein weiß ich, dieses Erleben, dieses Geschehen – das war ein Schlüssel für mein Umgehen mit der Vergangenheit als DDR-Bürger.

Es brauchte auf diesem Weg noch manchen Schritt, um versöhnt zu werden mit der Vergangenheit. Aber hier war vor Jesus und für Jesus ein Boden geschaffen, auf dem ER einen Weg mit mir gehen konnte im Blick auf dieses Thema. Hier wurde der Boden dafür bereitet, um wirklich versöhnt zu werden mit dem, was hinter mir lag.

Aufarbeitung der Vergangenheit ist nötig, um die Gegenwart zu bewältigen und die Zukunft zu gewinnen. Das gilt gerade bei diesem Thema.

Am Ende der Tage nehme ich die Worte aus Joel 2,25-27 mit nach Hause. Darüber predige ich am Sonntag. Ich ergreife es für mich ganz persönlich und für unser Land. *»Der HERR wird die Jahre erstatten, deren Ertrag die Heuschrecken, Käfer, Geschmeiß und Raupen gefressen haben.«*

Martina, die Katechetin und Gemeindehelferin, seit 3 Jahren im Dienst in Buchholz, will nach Pritzwalk ziehen. Sie mag den Dienst auf den Dörfern, aber das Leben im Pfarrhaus fällt ihr schwer. Sie möchte (endlich) mal eine eigene Wohnung haben, mehr Freiraum, dichter dran sein an dem, was sonst noch zum Leben dazugehört. Die Kleinstadt hat da doch etwas mehr zu bieten als das Dorf.

Für mich ist ihre Entscheidung ein schmerzlicher Einschnitt. Meine Hoffnung war gemeinsames Leben und gemeinsamer Dienst, gemeinsames Tragen und Ertragen. Im November ist ihr Umzug.

Wieder allein im Pfarrhaus. Und nun?

Ich brauche Hilfe, um dazu ein Ja zu finden, um damit umzugehen, ohne daran zu verzweifeln.

Mit Christl und Christoph bin ich in dieser Zeit eng in Verbindung, per Brief und per Telefon gibt es einen heißen Draht. Sie bringt mich auf einen wertvollen Gedanken: *»Dies alles kann zusammenhängen mit deiner Berufung zum Ledigsein ... Du musst das nicht alles vom Sterben her sehen, sondern vom Braut werden. Wenn* *man heiratet, so ist auch harte Arbeit nötig, dass es eine tolle Ehe wird. Das wird hier nicht anders sein im Verhältnis zu Jesus.«* (Tgb. 22. Juni 1991) – Solche Gedanken von einer verheirateten Frau, das war mir bisher noch nicht passiert. Das öffnet mir eine neue, eine andere Perspektive. *»Alles mündet ein in die Liebe Jesu, hinter allem steht letztlich seine Liebesabsicht.«*

Ich finde mich ein bei IHM, meinem HERRN, dem mein Leben ganz gehört: *»Jesus, du suchst Menschen, die ausschließlich für dich da sind (nicht nur ganz, sondern ausschließlich). Du suchst Menschen, deren Leben erfüllt ist nur von einem, von dir. Jesus, so soll es sein zwischen dir und mir ...«* (Tgb. 22. Juni 1991)

Im Dezember bin ich zu einem Wochenende im Schniewind-Haus. Sonntagabend komme ich nach Hause, in das jetzt leere Pfarrhaus. Ich öffne die Tür, stutze ... So viel Sand im Flur, Fußspuren. Was ist hier los? Ich weiß, als ich losfuhr, war es sauber. Ich gehe ins Esszimmer. Irgendwas stimmt nicht.

Weiter auf die Veranda, eine Fensterscheibe ist kaputt. Ich stelle mich ins Esszimmer und sage laut: »Teufel, wenn du denkst, du kriegst mich hier so weg, dann hast du dich getäuscht. Jetzt nicht mehr! ... Komme ich um, so komme ich um.«

Ich rufe den Superintendenten an. Sein Rat: »Holen Sie sich jemanden aus der Gemeinde, und gehen Sie mit ihm durchs Haus.« Herr Fuchs kommt. Er wohnt nicht weit weg, seine Frau gehört zu den Beterinnen. Er geht mit mir durchs Haus: Im Bad liegt auf der Toilette ein blutiges Taschentuch. Im Amtszimmer ist der Schrank offen. Es ist noch Geld da, aber es fehlt auch Geld, ungefähr 160 DM. Wir rufen die Polizei an. Sie kommen und sind völlig verblüfft. Warum ist noch Geld da? Ein »vernünftiger Einbrecher« nimmt doch alles mit!

Mir scheint, es könnte jemand gewesen sein, der mich schätzt und in einer Notlage keine andere Lösung sah, deshalb aber nur nahm, was unbedingt gebraucht wurde, oder ein Engel hat ihm auf die Finger geklopft.

Ein Hausschlüssel fehlt. Bei dieser Entdeckung wird mir etwas mulmig. Eine Rückkehr des Einbrechers wäre so jederzeit möglich.

Ich rufe Bekannte an. Zwei Jugendliche übernachten bei mir im Haus. Ich lasse die Schlösser wechseln. Dann ist alles wieder wie es war. Frieden ist da. Nichts von der Angst von vor Jahren.

Ich bin fast dankbar für diesen Einbruch. Er ist wie die Probe aufs Exempel. Es hat sich was verändert in mir und für mich. Ich bin nicht mehr Opfer meiner Angst. Der Frieden bleibt. Das ist für mich unsagbarer Gewinn.

Heiligabend habe ich in der Predigt über die Liebe Gottes eine besondere Passage, die manchen aus der Gemeinde aufhorchen lässt: *»Gott liebt jeden Menschen. Er liebt auch den, der vor kurzem im Pfarrhaus eingebrochen ist.«* Ich sage es nicht als Trick, sondern aus tiefster Überzeugung. Letztlich ist es diese Liebe Gottes, die es mir möglich macht, mit solchem Frieden zu reagieren.

Neuntes Kapitel

Neues beginnt

»Wenn das Weizenkorn nicht in die Erde fällt und stirbt, bleibt es allein, wenn es aber stirbt, bringt es viel Frucht.« (Joh. 12,24)

»Am Ostermontag 1992 werde ich nach reichlich dreieinhalbjähriger Dienstzeit in das Pfarramt hier offiziell eingeführt ... Vor wenigen Tagen hatte ich mit dem Superintendenten ein langes Gespräch, ob die Einführung nicht noch abzusagen ist ... Vor kurzem machte ich bei einem Gebetsgottesdienst in einer nahe gelegenen Gemeinde mal wieder die Erfahrung, dass ich beim Lobpreisen nur dasitzen und weinen konnte ... Dies kenne ich gar so gut aus einer schlimmen Zeit und großen Tiefe ... Angst schleicht sich ein und entwickelt sich zur Übermacht ... Ich stoße innerlich vor allem auf eine große Frage, auf einen (scheinbaren) Widerspruch, mit dem ich nicht so recht umzugehen weiß: Lange Zeit war mein geistliches Leben weithin geprägt von Hingabe, Opfer, Dienst, kurz: Dienstverhältnis. Je länger, je mehr ist die Liebe des Vaters vor Augen und ins Herz gerückt worden. Nun, ich sage dem Vater oft, wie mir zumute ist, was ich mir wünsche, was mir Not macht. Ich merke, wie es ein sehr, sehr schmaler Grat ist zwischen der vertrauensvollen, kindlichen Bitte an den himmlischen Vater und einem trotzigen Aufbegehren gegen das, was momentan ist oder nicht ist.

Ich kriege es irgendwie nicht zusammen – die Liebe des Vaters und den rauen Wind, der mir (immer noch) entgegenbläst, durch den ich mich durchkämpfen muss. Ich kann eigentlich nicht glauben, dass meine momentane Situation, so wie es ist – allein im Haus, auf einem riesigen Gelände und im Dienst –, dass dies der letzte Liebeswille des Vaters ist. Aber ich spüre, wie es von dieser Überzeugung nur ein klitzekleiner Schritt ist zur Rebellion, die Unfrieden bringt und steigert ...

Es ist mir in letzter Zeit oft so schwer, hier zu sein, hier allein zu sein. Es ist ein tiefer Schmerz in meinem Herzen und dann immer wieder eine große Traurigkeit. Und wenn ich mich dann aufmache zum

Vater, kann ich es nur noch weinend tun. Seine Wohltaten erreichen mich in der Tiefe nicht.

Ist für mich eben doch das ›Schwere der Nachfolge‹ mehr angesagt – Verzicht, Opfer, Hingabe – als für andere, die viel leichter fröhliche Gotteskinder sind? Es ist dann nicht mehr weit zu dem Gedanken: Gott hat eben doch ›Lieblingskinder‹. Es gibt halt Sonntagskinder und andere ... und ich gehöre eben zu den anderen. Es gibt die Sonnenseite und die andere Seite, und ich bin eben auf der anderen Seite, hier in Buchholz jedenfalls. Dies macht mir einfach Not. Ich suche den Weg, hier in dieser Situation, allein in Haus, Gelände und Dienst, dennoch als fröhliches Kind Gottes zu leben ...« (Brief vom 14. April 1992)

In diesem Brief an Freunde und Begleiter drücke ich aus, was mich kurz vor meiner offiziellen Amtseinführung bewegt. Nachdem sich vor Monaten vieles zum Guten gewendet hat, bleiben dennoch die Herausforderungen bestehen. Der Weg geht weiter, nicht ohne Not, aber auch nicht ohne Gottes Wirken. Letztlich ist es der Weg Gottes mit mir, auf dem ich IHN immer besser kennen lernen kann.

Mir macht der Widerspruch zu schaffen zwischen dem, was ich aus dem Wort Gottes weiß und glaube, und dem, was mein Leben ausmacht, meinen Alltag prägt.

Ich bin auf einem Kongress. Einmal wird in »Bienenkörben« gebetet. Einer in meiner Gruppe betet von Herzen: »Gott, ich danke dir dafür, dass du deine Jünger immer zu zweit sendest.« Ich platze mitten hinein: »Nein, das stimmt nicht, ich erlebe gerade was ganz anderes.« Mein Erleben ist anders. Gott lässt sich nicht festlegen, nicht mal auf unsere als richtig erkannten geistlichen Gesetzmäßigkeiten.

Ich bin dankbar für die, die in den Gemeinden mit mir auf dem Weg sind. Dankbar für die Kirchenwochenleute, die inzwischen im vierteljährlichen Abstand in Buchholz im Einsatz sind. Dankbar für Freunde und Begleiter. Ja, da ist mir viel Gutes gegeben. Aber tief in mir drin ist Not, immer noch und immer wieder.

»Gott, wer bist du für mich? Gott, was machst du mit mir?« Ich erschrecke. In meinem Herzen hat sich ganz heimlich, ganz tief innen drin, wo ich selbst es nur mit Mühe wahrnehmen kann, ein »besonderes« Glaubensbekenntnis eingeschlichen: »Gott, du bist ein harter Herr« (vgl. Lk. 19,21).

Im Sommer fahre ich zu einem großen Seelsorge-Kongress. Hier findet sozusagen im Großen (mit etwa 1000 Leuten) das statt, was ich im Jahr zuvor im Kleinen (mit etwa 100 Leuten) erlebte. Eigentlich bin ich als eine von ungefähr 100 Mitarbeitern dabei, Mitarbeiter für Seelsorge und Gebetsdienst. Aber es ist nicht viel los mit mir. Meistens verstecke ich mein Mitarbeiterschild geschickt, dass es keiner sieht und mich niemand ansprechen kann. An einem Abend geht es um die Vaterliebe Gottes. Ein bekanntes Thema. Ich habe es schon oft gehört, ja, selbst schon darüber gepredigt. An diesem Abend trifft es mich tief, mitten ins Herz, mitten da hinein, wo ganz viel Schmerz sitzt. Ich halte es nicht mehr aus. Ich will das auch! Ich will Anteil an der Vaterliebe Gottes haben.

Am Schluss der Predigt wird ein mir unbekanntes Lied gesungen. Nur ein Wort kommt bei mir an: »Komm! Komm!« Mitten in allem Schmerz kommt in mir diese Entschlossenheit auf, die ich kenne. »Ich will da durch. Ich will da ran! Es kann nicht nur für die anderen sein!«

Ein Saal mit etwa 1200 Leuten. Ich sitze ziemlich weit hinten. Es gibt keine Aufforderung nach vorn zu kommen, keine Einladung für sich beten zu lassen, wie es sonst oft am Ende der Veranstaltungen üblich ist. Egal! Ich stehe auf, gehe nach vorn, steige auf die Bühne. Neben dem Sprecher von eben ist ein Platz frei. Da setze ich mich hin und weine. Da kommt der ganze Schmerz aus mir heraus. Der Schrei meines Herzens: »Vater, ich brauche dich als meinen Vater, nicht nur als HERRN!«

Das Lied »Großer Gott, wir loben dich« wird angestimmt. In mir zieht sich alles zusammen. Nein, das will ich jetzt nicht, das brauche ich jetzt nicht, nicht diesen großen Gott, vor dem sich alles verbeugt. Ich brauche den Vater, der sich herabbeugt zu mir. Nach ihm schreit mein Herz. Der Bruder neben mir betet still. Dann ist der Abend zu Ende. Ich gehe nach Hause.

In den kommenden Tagen mache ich »Hausaufgaben«. Es geht um meinen Vater und um mich, es geht um Aufarbeitung meiner Geschichte in meiner Familie. Da war nichts Besonderes, nichts Aufsehen Erregendes. Und doch gilt auch hier: Vergangenheit muss aufgearbeitet werden, damit Gegenwart bewältigt und Zukunft gewonnen werden kann.

»Nun ist es mein Gebet zu Jesus: *›Zeige mir den Vater. Fülle du diesen Rahmen aus, den ich habe, der in sich noch kein Bild trägt. Ich möchte ein Bild, ein echtes, vom Vater – in Farbe!‹«* (Tgb. 14. Aug. 92)

Zu Weihnachten predige ich über den Protest Gottes gegen die Finsternis. Es ist eine Predigt von der Sorte, die ich zuerst mir selber halte. *»Gott protestiert gegen die Finsternis in dieser Welt, gegen all das, was diese Welt zerstört. – Gott protestiert, und ER sucht Menschen, die mit IHM protestieren. Ein solcher Protest ist die Bitte um Vergebung.«*

Vergebung und Versöhnung, das ist die Hauptbotschaft an die Menschen um mich herum. Es gibt so wenig versöhnte Menschen. Sie leben unversöhnt mit sich selbst und ihrer Geschichte, unversöhnt mit den anderen. Zerstörung von Menschen, von Familien ist das Ergebnis.

Mit Kirchenwochenleuten gehen wir betend durchs Dorf, immer zu zweit, jedes Paar übernimmt einen bestimmten Abschnitt. Wir gehen los. Ich gehe ein paar Häuser weit, dann will ich am liebsten umkehren. Ein tiefer Schmerz ist in meinem Herzen. Es ist, als ob die Fassaden der Häuser fallen, und ich sehe etwas von der Zerstörung, die dahinter wohnt. Kaputte Menschen, kaputte Familien. Ohne Gott, ohne Leben. Ich kann es kaum ertragen.

Die anderen versammeln sich fröhlich in der Kirche und erzählen und beten weiter. Ich sitze daneben, völlig »daneben«. Nach einer Zeit erinnere ich mich an ein Gebet vor einigen Monaten. Jemand betete für mich; ihm war, als ob Jesus zu mir sagte: »Weine mit mir um die Verlorenen, wie Ich um Jerusalem geweint habe.« Ich habe dies Wort damals in mein Herz genommen. Jetzt nimmt es Gestalt an.

Der Kampf geht weiter. Äußerlich sieht es weithin eigentlich ganz ruhig aus.

Es ist mal wieder Schornsteinfeger-Tag. Da habe ich schon einige Katastrophen erlebt. Wenn dieser Mann das Haus verließ, war schon oft alles schwarz. Diesmal fällt ihm eine Schippe aus der Hand, die Klappe im Schornstein will nicht halten. Jedenfalls, als er geht, ist es wieder so: Alles ist schwarz, wo ich hinschaue, wo ich hinfasse, Ruß, überall dieses schwarze, schmierige Zeug, was sich so schlecht wegputzen lässt, im Esszimmer (da steht der Ofen, da endet der Schornstein), in der Küche, im Wohnzimmer, im Flur, einfach überall. Ich bin verzweifelt. An guten Tagen kein Problem: Eimer, Wasser, Lappen und los geht's. Aber jetzt geht bei mir nichts mehr. Ich rufe in Heiligengrabe an: »Ich brauche Hilfe.« Eine junge Frau aus dem Pfarramt kommt. Gemeinsam schaffen wir es. Für mich bringt dies Erleben das Fass mal wieder zum Überlaufen.

Es geht so nicht weiter. »Ich kann nicht mehr!« Wieder dieser Schrei in meiner Seele. Jetzt versuche ich, ganz nüchtern damit umzugehen. Durch das absolute Aus vor anderthalb Jahren habe ich einiges gelernt, was ich umzusetzen versuche. Jetzt weiß ich, dass ich den Schrei in mir nicht überhören darf. Ich muss es ernst nehmen, was da in mir zu hören ist. »Herr, es geht nicht mehr, wirklich nicht!«

Und ich merke, das Hauptproblem ist nicht die Arbeit, sondern das »Für-alles-zuständig-Sein«.

Es ist mir ernst. Ich spreche mit den Betern im Bibel-Gebets-Kreis. Sie sind betroffen, aber voller Verständnis. Ich weiß, jetzt beten sie noch einmal mehr – »wie die Weltmeister« –, dass Gott etwas ändert an dieser Situation.

Eine Woche später kommt eine der Frauen und erzählt mir einen Traum: Ich liege bei ihr zu Hause auf dem Sofa, halte die Gitarre im Arm und singe immer vor mich hin: »Oh, oh, wie bin ich froh!« Zugleich sitze ich aber auch gegenüber auf dem Sessel ohne Gitarre und singe: »... aber einsam, aber einsam!« Bei dieser Beschreibung schütten wir uns vor Lachen aus, und zugleich sage ich: »Ja, genau so ist es! Ganz genau!«

Ich bin froh – wenn ich zurückschaue, entdecke ich vieles, was sich verändert hat, ich sehe, wie mir geholfen wurde, ich bin froh über den Dienst, der mir anvertraut ist, aber zugleich bin ich jenseits meiner Möglichkeiten. *»Herr, ändere was an meiner Situation, oder meine Zeit hier in Buchholz geht doch zu Ende.«*

»Wie lange noch?« Bei dieser Frage stoße ich auf das Wort vom Weizenkorn: *»Wenn das Weizenkorn nicht in die Erde fällt und stirbt, dann bleibt's allein; wenn es aber stirbt, bringt es viel Frucht«* (Joh. 12,24). Dies Wort fällt in mein Herz und nistet sich da ein. Irgendwie gewinne ich den Eindruck, dass es das Thema für diese Zeit ist.

Dieses Wort vom Sterben wird für mich zu einem Wort der Verheißung. »Viel Frucht bringen« – das will ich. Das Weizenkorn muss in die Erde fallen und sterben. Ich male mir aus, wie das für so ein Weizenkorn wohl ist, wenn es nur noch dunkel und nass ist, nicht mehr klar, wo oben und unten ist. Die Hülle wird gesprengt, die Substanz löst sich auf, damit Frucht wird. Frucht gibt es nicht ohne diesen »furchtbaren-fruchtbaren« Prozess. Ich atme durch bei diesen Gedanken und sage wieder mal: »Ja!«, auch wenn ich dabei »Rotz und Wasser« heule. Frucht bringen – das ist doch zuletzt und zutiefst mein Wunsch. Und das gibt es eben nicht billiger. *»Das geschieht nicht an der Sonne, nicht auf dem goldenen Tablett, sondern in dunkler, kalter Einsamkeit«* (Tgb. 28. März 93). »Komme ich um, so komme ich um ...«

Nach 15 Monaten habe ich mal wieder so eine Schwindelattacke, ganz stark und heftig. Aber es ist Frieden da. Die körperliche Katastrophe wird nicht zur seelischen ... Ich erlebe tiefe Geborgenheit bei meinem himmlischen Vater. »Das Weizenkorn – es geht nicht zu Grunde, es geht durch Prozesse, damit Frucht wird.«

Es hat sich etwas verändert!

Im Frühjahr bekomme ich einen Anruf von einem jungen Mann. Er ist gerade dabei, sein erstes Examen nach dem Theologiestudium zu machen. Er sucht eine Kirchengemeinde, in der er sein Vikariat absolvieren kann. Irgendwo ist er meinem Namen begegnet. Wir vereinbaren einen Gesprächstermin. Ich hole ihn vom Bahnhof ab. Ein schmächtiger, blasser junger Mann steht vor dem Bahnhof. Geboren und aufgewachsen ist er in West-Berlin. Als er anfing, Theologie zu studieren, hatte er die klare Perspektive vor sich, Pfarrer in West-Berlin zu werden. Plötzlich ist seine Landeskirche, in der er Pfarrer wird, viel größer. Ganz Brandenburg liegt offen vor ihm. Es ist eine für ihn fremde Welt. Wir brauchen nicht lange, um uns einig zu werden: Wenn das Konsistorium dem zustimmt und ihn nach Buchholz schickt, kann er sein Vikariat in den Buchholzer Gemeinden machen.

Ich bin verdutzt. Wie hatte ich gebetet? »Herr, ändere was an der Situation ...« Auf *die* Idee wäre ich nie gekommen. Aber ein Vikar im Dienst ist eindeutig eine Veränderung der Situation.

Dann sind Jens und Käte mal wieder da. Sie kündigen schon am ersten Tag an: »Astrid, wir müssen mit dir reden.« Am Ende der gemeinsamen Tage ist Zeit dafür. »In unserem Leben gibt es einige wichtige Dinge«, beginnen sie das Gespräch und sprechen dabei über ihre Beziehung zu Jesus, ihre Ehe und ihren Dienst. Und dann kommt Buchholz. »Wir haben uns überlegt, wir könnten eine Menge Fahrgeld sparen, wenn wir hierher ziehen würden.« Ich bin platt. »Wenn ihr uns ruft, kommen wir. Wir wollen dich unterstützen und dabei sein, wenn Gott hier was tut.«

Damit hatte ich nicht gerechnet. Offensichtlich: Die Situation verändert sich.

»Wir können gemeinsam dabei sein, wenn Gott hier etwas tut« – »viel Frucht«.

Ungeahnte Möglichkeiten tun sich mit Mitarbeitern auf. Was in den vergangenen Jahren immer in besonderen Projekten Platz gefunden hatte und Gestalt annahm, kann jetzt den Gemeindealltag verändern.

»Astrid, halte dich bereit für Neues«, so klingt es am Jahreswechsel 1993/94 in meinem Herzen. Es ist ähnlich deutlich wie damals: *»Die Zeit der Bedrängnis ist vorbei!«* Neues ist schon zu sehen. Entlastung geschieht, Gemeinschaft entsteht.

Aus einem Grundkurs des Glaubens ist ein Hauskreis entstanden. Es sind inzwischen auch Leute meines Alters, die Jesus Christus als ihren HERRN erkannt und angenommen haben.

Immer wieder erinnern wir uns an mein Leitbild für christliche Gemeinde: »Gemeinschaft im gemeinsamen Hören und Beten, Arbeiten und Feiern« (F. Schwarz).

Wir feiern gern und viel. Dazu gehören immer Spiele. Interessante Utensilien sammeln sich an: Gummi-Igel für Wettrennen, diverse Hüte für Hutspiele, später selbst gebaute Skier, auf denen drei Leute gleichzeitig stehen können, ein riesig großes Stofftuch und so manches andere. Vieles kann man improvisieren. Klar ist: Egal, wer gewinnt, spielen tut gut. Hauptsache, es wird gelacht!

Aus der Teilnahme von Jugendlichen bei einer Kirchenwoche ist ein inzwischen wöchentlicher »Teenie-Treff« entstanden. Einige Schüler treffen sich zum Gebet. Sie sind im Gottesdienst dabei. Sie entdecken die Kirchengemeinde als Lebensraum. »Neues ist am Werden.«

Jens und Käte suchen eine Wohnung. Das gestaltet sich schwieriger als wir dachten. Nach mehreren vergeblichen Versuchen fällt uns das Haus ein, eine ehemalige Schule in einem der Dörfer, das weithin ungenutzt dasteht. Ein älteres Ehepaar wohnt darin. Der Saal, jahrelang kommunal genutzt, gammelt vor sich hin. Vor Jahren hat der Gemeindekirchenrat einmal beschlossen, dass aus diesem Haus etwas werden soll für das Reich Gottes. Aber wie? Wir haben weder die Mittel noch die Menschen, um dieses Vorhaben umzusetzen. Oben sind zwei Zimmer ausgebaut, die leer stehen, aber mehr ist da nicht, nur nackter Spitzboden. Eine Wohnung daraus machen?

Jens besichtigt das Ganze. Seine Schätzung: »Mit 40.000 DM können wir daraus etwas machen.« Wir haben 400 DM. Einige Wochen gehen wir mit diesem Gedanken schwanger. Dann ist mir, als ob eine Ampel auf Grün schaltet.

Mit den Kirchenältesten kommen wir darin überein, hier im Glauben voranzugehen. Wir schreiben an Freunde von überall.

Jens ist ein Könner beim Bauen. Mit jedem krummen Nagel kann er noch was anfangen. Aus allem alten Zeug kann noch was Neues werden. Käte ist, solange noch keine Kinder da sind, voll dabei. Wände einreißen, Balken freilegen, Türen abbrennen, Wände tapezieren, streichen. Nur für die Anschlüsse der Elektrik kommt eine Firma; das muss sein, und für den Einbau der Heizung. Das war eigentlich ganz anders gedacht. Eine Kohleheizung, wie sie in dieser Zeit aus vielen Häusern ausgebaut wird, soll eingebaut werden. Eines Tages bekomme ich einen Anruf aus dem Kirchlichen Verwaltungsamt: »Kann es sein, dass Sie aus der Schweiz Geld bekommen?«

»Ja, sein kann alles. Warum nicht?«

»Das sind aber 20.000 DM.«

»Halleluja!«, brülle ich ins Telefon. Es ist eine Sonderspende für unseren Bau. Jetzt wissen wir: Da wird nicht mit Kohlen geheizt. Da kommt was Besseres rein. Welch ein Geschenk!

Oben entsteht eine Wohnung, unten wird der Saal saniert und renoviert. Das Haus wird weithin ein Zentrum für unsere Arbeit, ein Treffpunkt für viele und vieles. Wir verbauen 60.000 DM.

Unglaublich! *»ICH will euch ... erstatten ...«* (Joel 2,25). Ja, so kommt es mir vor.

Es hat sich so vieles verändert. Erste Frucht wird sichtbar.

Mir passiert, dass ich im Gottesdienst vor dem Altar plötzlich in Tränen bin, diesmal sind es Freudentränen: »Gott, wo bin ich hier? Erinnerst du dich, wie es hier mal war?« Ich erinnere mich gut, und ich freue mich, dass es so nicht mehr ist. Es gibt inzwischen eine wachsende Gottesdienstgemeinde. Und von denen, die kommen, sind viele hungrige Zuhörer. Die Öljacken sind verschwunden.

Reformationstag. Ich predige in Buchholz über Erneuerung. Fast nebenbei sage ich: »Wenn denn innerlich einiges geschehen ist, dann ist es gut, wenn es auch äußerlich sichtbar wird. Hier in unserer Kirche. Das wäre nicht schlecht.«

Am nächsten Abend haben wir ein Gebetstreffen. Nach einer Zeit der Stille sagt einer der Beter: »Ich hatte ein inneres Bild von unserer Kirche. Da war ein Gerüst gestellt, und viele Leute waren drauf und bei der Arbeit.« Er ist ganz aufgeregt. »Das muss doch jetzt mal losgehen. Das sieht doch furchtbar aus. Ich hab schon bei anderen Kirchen mitgeholfen. Ich kann hier auch mitmachen.«

Ich beruhige ihn: »Ja, wir wollen das ja alle. Ich habe schon Kostenangebote liegen. Wir sparen schon seit einigen Jahren. Aber das Geld reicht noch nicht. Eines Tages wird es so weit sein.«

Drei Tage später klingelt es. Der Bürgermeister steht vor der Tür. Mit ihm seine Frau und noch ein Mann aus dem Dorf: »Jetzt wollen wir uns das mal anschauen, ob wir das nicht schaffen.«

»Was?«, frage ich verdutzt.

»Na, die Kirche. Hast du doch gerade im Gottesdienst gesagt.«

Ich bin irritiert. Was geht denn jetzt los? Wir stehen in der Kirche. »Alles kein Problem.« Solche Sätze kenne ich. Nicht immer ging gut, was dann kam.

»Ich kann jetzt nebenbei keine Kirche renovieren«, stelle ich klar. Dann erzähle ich von der Gebetszeit und von dem Mann, der bereit ist mitzumachen. Kurze Zeit danach berichten mir die Männer von ihren Verabredungen und Planungen für die Arbeiten.

Ende November haben wir den letzten Gottesdienst vor der Renovierung. Ich bereite die Gemeinde darauf vor, dass wir zu Weihnachten entweder auf einer Baustelle oder im Saal der Gaststätte den Gottesdienst feiern werden. Einige Leute sind verärgert. »Kurz vor Weihnachten, wenn wir in die Kirche gehen wollen, fangen die an zu renovieren.«

Die Arbeiten laufen auf Hochtouren. Morgens um 7 Uhr ist Licht in der Kirche, abends um 8 Uhr immer noch. Eine Rollrüstung ist aufgebaut, und viele helfen mit.

Der Bürgermeister steht vor mir. »Ich brauche 1000 DM für Holz. Die Wangen von den Kirchenbänken sind verfault.«

Jetzt kommen also doch Probleme. Mir wird angst.

Aber es ist schon alles geklärt. Er hat einen alten Zimmermann aus dem Dorf mit seinem Schwager engagiert. Sie reparieren die Bänke sach- und fachgerecht.

Nach nur dreieinhalb Wochen ist die Kirche fertig! Die Putzschäden sind großflächig beseitigt. Die Elektrik entspricht den Anforderungen.

Alles ist auch frisch gestrichen, nicht nur die Wände, auch die Empore, die Bänke, die Kanzel. Alles ist wie neu.

Die Gemeinde bestaunt Heiligabend die strahlende Kirche.

Ich denke daran, wie es vor Jahren drei Jahre (!) gedauert hat, bis der Rohbau der Garage ein Dach, eine Tür und einen Fußboden bekommen hatte. Jetzt dauerte es dreieinhalb Wochen, bis die Kirche fertig renoviert ist. Ich notiere das unter der Rubrik »Wunder«.

Zehntes Kapitel

Es wächst

»Das Himmelreich gleicht einem Senfkorn, das ein Mensch nahm und auf seinen Acker säte; das ist das kleinste unter allen Samenkörnern; wenn es aber gewachsen ist, so ist es größer als alle Kräuter und wird ein Baum, so dass die Vögel unter dem Himmel kommen und wohnen in seinen Zweigen.« (Mt. 13,31-32)

Zu verschiedenen Anlässen arbeite ich bei Seminaren und Tagungen mit. Mein Lebens- und Dienstraum erweitert sich.

Bei einer Singletagung in Österreich bin ich im Team. Das, was ich erlebt, zum Teil erlitten, aber dann auch empfangen habe, wird für andere zu einer hilfreichen Botschaft.

In der Theologie-Studierendenarbeit bin ich weiterhin in der Mitverantwortung. Im Leitungskreis der GGE/Deutschland arbeite ich mit. Andere Aufgaben kommen hinzu. Ich bin überrascht über das, was sich vor mir auftut. Das habe ich weder geahnt noch gesucht.

Der Superintendent fragt mich, ob ich bereit sei, für den Vorsitz der Kreissynode zu kandidieren.

Für mich wird daraus eine zugleich grundsätzliche Frage. Ich spüre: Ich kann nicht alles mit ganzer Kraft machen. Ich will nicht alles »nebenbei« machen. Ich muss mich entscheiden. Gehe ich mehr in die kreiskirchliche Verantwortung? Ist dort mein Platz, mein Auftrag? Oder soll ich bereit und frei sein für die neben- und übergemeindlichen Dienste, die mir inzwischen zugewachsen sind? Was ist mein Auftrag? Wo soll ich investieren?

Im Urlaub bei einem Spaziergang klingt plötzlich ein bekanntes Bibelwort in mir auf: *»Das Himmelreich gleicht einem Senfkorn, das ein Mensch nahm und auf seinen Acker säte; das ist das kleinste unter allen Samenkörnern; wenn es aber gewachsen ist, so ist es größer als* *alle Kräuter und wird ein Baum, sodass die Vögel unter dem Himmel kommen und wohnen in seinen Zweigen.«* (Mt. 13,31-32)

Das ist es. Ja, so kann es sein, so kann etwas werden. Es hat ganz klein angefangen, aber es wird etwas Großes daraus.

Das Reich Gottes – das war für mich schon in der Studienzeit ein Schwerpunktthema. Im Vikariat arbeitete ich für eine Reihe von Bibelstunden an diesem Thema mit. In den vergangenen Jahren ist es für mich das zentrale theologische Thema, zu dem ich die meisten Entdeckungen mache, die mein Leben und meinen Dienst prägen.

Wer das Markusevangelium liest, entdeckt sehr bald, was das Reich Gottes ausmacht: Menschen empfangen Vergebung, Kranke werden geheilt, Gebundene werden frei, neue Gemeinschaft entsteht zwischen Menschen, die eigentlich überhaupt nicht zusammenpassen. Das alles macht das Wesen vom Reich Gottes aus. Darin entdecke ich den Sinn von christlicher Gemeinde: Sie ist nicht Ziel an sich, sie ist nur »Mittel zum Zweck«. Sie ist dazu da, dass genau dies im Leben von Menschen geschehen kann: Vergebung, Heilung, Befreiung und neue Gemeinschaft. Gemeinde ist dazu da, dass das Reich Gottes konkret Gestalt gewinnen kann. Das hat sich mir tief eingeprägt. Es geschieht überall dort, wo in Jesus Christus die Königsherrschaft Gottes beginnt, wo Menschen Buße tun und dem Evangelium glauben (vgl. Mk. 1,14ff). Dieses Geschehen ist unabhängig von Kirchen und Konfessionen, unabhängig von Tradition und Prägung.

Inzwischen wird deutlich: Es *wächst!* Das erleichtert und entlastet mich. Wir müssen nicht – auch ich muss nicht – das Reich Gottes *bauen*! Es *wächst!* Ich muss nicht alles herbeischaffen, was gebraucht wird, wie beim Bau eines Hauses. Da muss alles da sein, die komplette Zahl Steine, alles Holz, jeder Balken, jede Leitung, jede Fliese, eben alles. Beim Wachsen brauche ich nur gute Erde und die Samenkörner. Ich brauche viel weniger, als es nachher sind, wenn es gewachsen ist. Da geschieht Vermehrung. Wenig reicht aus, damit viel draus wird. Das gefällt mir, das erleichtert mich.

»Wenn das Weizenkorn ...« Hier treffen sich die Bilder aus den Worten Jesu.

Ich bin nicht Bauherrin oder Baumeisterin, ich bin Gärtnerin. Da kann ich mich gut einfinden. Nach den Pflänzchen gucken, in meinem eigenen Leben, im Leben anderer, in der Gemeinde, gießen und düngen, Unkraut jäten, alles tun, was Wachstum fördert. Das ist was ganz anderes.

In der Gemeinde fange ich an, von den Blumentöpfen zu reden. Für eine Topfpflanze ist es wichtig, dass der Topf die richtige Größe hat. In einem Topf, der zu klein ist, geht die Pflanze ein, aber auch in einem Topf, der zu groß ist, wird sie sich nicht gut entwickeln, wird sie eingehen.

Das ist für mich und dann für uns als Gemeinde die Herausforderung für die kommenden Jahre: »Der Topf muss passen.« Das heißt, Inhalt und Form müssen zusammenpassen. Der Rahmen muss zu den Menschen passen, die da sind.

»Was dient dem Leben, was fördert das Wachstum?«, so heißt die Frage, die ich im Blick auf die Gemeinde immer wieder mir selbst und den Kirchenältesten stelle. Es ist eine Herausforderung an uns, dass immer wieder Veränderung nötig ist, das ist wirklich nicht einfach, wo wir es doch am liebsten so machen, »wie es immer war«. Aber Veränderung entspricht dem Leben, und es dient ihm.

In dieser Zeit taucht für mich das erste Mal der Gedanke an ein 50 %-Pfarramt auf. Nicht, dass ich nur noch 50 % im Gemeindedienst sein wollte, aber diese juristische Veränderung würde mir Raum geben, ohne »schlechtes Gewissen« frei zu sein für die anderen, für übergreifende, neben- und übergemeindliche Dienste in verschiedenen Gremien, Projekten und Initiativen, bei Seminaren und Tagungen. Das Team, das inzwischen vor Ort entstanden und gewachsen ist, bietet die Möglichkeit für meine Freisetzung für andere Dienste. Dieser Weg bietet die Möglichkeit, zweierlei miteinander zu verbinden, zum einen den Dienst als Pfarrerin in Kirchgemeinden der Evangelischen Kirche in Berlin-Brandenburg, zum anderen den Dienst in jene Dimension des Reiches Gottes hinein, die unabhängig von Kirchen und Konfessionen, von Tradition und Prägung besteht.

Auch diese Idee ist wie ein Samenkorn in mir, es wächst und reift heran. Ich beantrage eine Veränderung meines Dienstverhältnisses. Es dauert fast ein ganzes Jahr, bis alles durch ist, um es umzusetzen. Immerhin, es ist etwas Ungewöhnliches und auch etwas Ärgerliches, was ich da mache. Ich behalte meinen Dienstbereich, nehme noch eine Kirchengemeinde dazu und erhalte nur noch das halbe Gehalt. Das ist doch »verrückt«. Kann schon sein. Mich entlastet es, und es entspricht dem, was Gott in mein Herz gegeben hat.

Es ist Adventszeit. Ich bin auf dem Weg zum weihnachtlichen »Nachmittag für Ältere«, den ich gemeinsam mit dem Bürgermeister und seiner Frau ausgestalte. Liederbücher, Tischschmuck, Quizzettel und andere Utensilien habe ich bei mir. Kurz vor dem Ziel, noch im Auto, muss ich ganz kräftig gähnen. Da ist es, als ob etwas aushakt. Mein Herz fängt an zu rasen. Ich kenne das. Ich hab das in letzter Zeit öfter mal gehabt, wenn ich mich bücke, gähne oder mich erschrecke, plötzlich rast mein Puls, ein paar Minuten, dann ist alles wieder gut. Vor ein paar Wochen hatte ich es mal eine halbe Stunde, auch mal eine Stunde. Das war sehr unangenehm. Jetzt hört es bestimmt gleich wieder auf.

Der Saal ist voll. Fröhliche Gesichter, Kaffee trinken, Lieder singen. Mein Herz rast immer noch. Quiz, Spiele, unverändert. Ich tue »ganz normal«, singe nicht mehr so kräftig und spreche etwas leiser, bewege mich etwas vorsichtig. »Irgendwie krieg ich das hier rum. Irgendwann ist es zu Ende.« Der Bürgermeister stellt fest, dass ich so blass aussehe. Ich sage, was los ist. Ich muss nicht mehr mit aufräumen, lasse alles stehen und liegen, fahre nach Hause, lege mich hin.

Martina ist fertig mit dem Kindertreff. »Was ist los?« Ich erzähle. Wir werden uns einig. Jetzt brauche ich einen Arzt, immerhin geht das jetzt schon seit drei Stunden. Sie fährt mich nach Pritzwalk. Bei einem Arzt ist die Sprechstunde zu Ende, der andere hat Urlaub, also ins Krankenhaus. Es ist ein chirurgisches Krankenhaus. Eine interne Abteilung ist 30 Kilometer weit weg.

Der Bereitschaftsarzt kommt, sieht mich, hört mir zu, fühlt meinen Puls, bestellt ein EKG. Ich muss mich hinlegen und darf nicht mehr aufstehen. »Sie müssen hier bleiben.« Er telefoniert mit der Intensivstation. Ich werde dorthin gebracht. Was ist das? Was soll das?

Mit Martina spreche ich das Nötigste ab. Wir haben gerade für 10 Tage eine Jüngerschaftsschule von »Jugend mit einer Mission« bei uns zu Gast. Sie kommen heute Abend von einem Einsatz zurück. Dann müssen sie informiert werden und allein zurechtkommen. Meine Eltern und einige Beter werden informiert.

Um 18 Uhr bin ich auf der Intensivstation. In mir ist Frieden, rundum alles andere als Frieden. Die Station ist voll belegt. Es piept und klingelt. Mein Bett steht sozusagen auf dem Flur. Ich werde an ein Überwachungsgerät angeschlossen. Zwei Ärzte bemühen sich um mich, ganz offensichtlich ein Assistenzarzt und die Chefärztin der Abteilung. Es gibt irgendeinen »Trick«, um Herzrasen, wie ich es gerade habe, durch mechanische Einwirkung zum Stoppen zu bringen: Er drückt mir die Aorta ab, Nase zuhalten, Luft anhalten. Ich weiß nicht mehr, wie das geht, finde es nur überaus unangenehm, fast brutal, und es hilft überhaupt nicht.

Der Arzt bereitet eine Spritze vor. Die Chefärztin fragt: »Was wollen Sie geben?« Auf seine Antwort hin fragt sie: »Meinen Sie, dass das gut ist?«

Bei sehr langsamer Injektion des Mittels wird mir ganz anders. »Ich komme mir vor, als ob ich gleich explodiere«, sage ich.

Irgendwann, irgendwas funktioniert irgendwie. Plötzlich ist Ruhe, genauso plötzlich wie es anfing, hört es auf. Im Schulterbereich tut mir alles weh, ich bin total erschöpft, aber mein Herz ist wieder normal. Was war das? Was ist das?

Das Ganze 10 Tage vor Weihnachten. Und nun?

Am nächsten Morgen steht die Chefärztin an meinem Bett: »Sinustachykardie mit Frequenz bis 220 und gelegentlichen

Extrasystolen.« Ursache unbekannt. – »Wir rufen ein Taxi. Sie können nach Hause. Schonen Sie sich ein bisschen. Geht das?«

Ja, das geht, die nächsten Tage noch – aber dann ist Weihnachten.

Zu Hause denkt man, ein Gespenst steht vor der Tür. Ich erzähle, was war und was ist, und lege mich hin. Verstehen kann ich das alles nicht so recht. Ich werde mich um eine gründliche Untersuchung kümmern. Aber nicht sofort.

Ich habe eine Begegnung mit einem Kollegen: »Sie sind überfordert mit dem Amt. Sie schaffen es nicht.«

Das trifft mich. – Warum eigentlich? Will ich doch noch irgendjemandem irgendwas beweisen? Bin ich doch zu schwach für das Ganze? – Was höre ich da in meinem Herzen? *»Meine Gnade ist genug für dich!«*

»Oh, HERR ... Ich verstehe das alles nicht ganz, aber ich vertraue dir!«

Ein Zeichen der Gnade Gottes hatte ich vor einigen Wochen bei meiner Rückkehr von einer Sitzung in meinem Aktenkoffer gefunden. Ein Briefumschlag »Für Astrid«, darin eine Karte mit einem Geschenk: 1000 DM für einen Flug nach Toronto werden mir überwiesen, wenn ich meine Kontonummer angebe.

Toronto – ich?

Ich bin sprachlos. Die Vineyard-Gemeinde am Flughafen von Toronto macht zu der Zeit seit einigen Monaten überall Schlagzeilen. Die einen jubeln, die anderen schimpfen. Die einen Christen fahren in Scharen dorthin, andere Christen warnen eindringlich davor.

Ja, es würde mich reizen, es selbst anzuschauen, zu erleben und dann mehr zu wissen.

Aber: Keine Zeit, nicht genug Englisch. Zuerst fallen mir alle Gegenargumente ein. Ich will zur Tagesordnung übergehen. Aber es geht nicht. Ich bin zu aufgeregt. Ich telefoniere mit Reisebüros, plane, organisiere und buche einen Flug nach Toronto.

Anfang Januar 1995 fliege ich für fünf Tage nach Kanada.

Für das Nötige finde ich immer die richtigen Leute, die mir

mit ihrem Englisch helfen. In der Gemeinde wird an den Tagen meines Dortseins bei allen Veranstaltungen ins Deutsche übersetzt.

Tausende Leute Abend für Abend. Unglaublich! Bei der Begrüßung werden die Länder aufgerufen, aus denen Menschen da sind. Die Welt trifft sich. Unglaublich.

Hinten an der Empore ist ein Spruchband befestigt: »Die Liebe des Vaters empfangen und weitergeben!« Das ist das Motto der Gemeinde, und so erlebe ich die Versammlungen in dieser großen Halle.

Am ersten Abend werden nach der Predigt alle »Vollzeitler« eingeladen, besonders die »Ausgebrannten«, die von Gott etwas brauchen, die Gebet für sich wollen.

Ich gehe nach vorn. Nachdem ich eine Weile gewartet habe, kommt jemand von den Betern zu mir, fängt an für mich zu beten. Ich verstehe nichts oder nur wenig, aber in mir bin ich plötzlich zurückversetzt in den Abend auf der Pritzwalker Intensivstation. Da liege ich mit diesem wahnsinnigen Herzrasen, die Ärzte neben mir versuchen dies und das. Und jetzt plötzlich empfinde ich die ganze Bedrohung, die ganze Angst dieser Situation. Ich weine. In mir ist es nur noch ein Schrei. Es ist furchtbar. Das, was ich an dem Abend damals nicht fühlte, jetzt entlädt es sich aus mir heraus. Überforderung, Einsamkeit, Angst, ja, Todesangst. Jetzt kommt es heraus, hier in diesem für mich geschützten Raum, wo ich vor Gott bin und Menschen für mich beten.

Am nächsten Morgen beim Erwachen fühle ich mich um Zentner erleichtert. In mir ist Platz geworden. Ja, klar, die ganze Angst war ja irgendwo in mir drin, jetzt ist sie raus. Ich fühle mich frei, viel freier als am Tag zuvor.

Die Tage in Toronto sind angefüllt mit vielen Wohltaten vom HERRN. Für mich ist es wie ein Weg, jeden Tag geht es einen Schritt weiter. Immer wieder werden mein Ohr und mein Herz erreicht von dem Zuspruch: »The father loves you!« Ich komme mir vor wie ein ausgedörrter Schwamm, der sich voll saugt mit der Liebe Gottes.

Am Ende empfinde ich froh machende Gemeinschaft mit

Jesus, wie ich es kenne, aber so intensiv, wie ich es bisher kaum erlebt habe. Ich bin wie »frisch verliebt«, und ich weiß, ich habe einen unsagbar leidenschaftlichen Liebhaber an meiner Seite, der förmlich um mich eifert, der es nicht zulässt, dass ich mich an irgendetwas anderes verliere oder dass Angst mein Leben von innen her aushöhlt.

An einem Tag mache ich einen Ausflug zu den Niagarafällen. Das beeindruckt mich zutiefst und ist in gleicher Weise ein Höhepunkt dieser Reise. Da stehe ich neben den Wassermassen, die herabprasseln, und denke: Wenn schon dieses Wasser solche Macht hat – es haut jeden und alles, was darunter gerät, um –, um wie viel mehr dann der Heilige Geist, wenn er als Kraft Gottes auf uns herabkommt.

In Deutschland hat man lange um Toronto und die so genannten Toronto-Phänomene gestritten. Ich war traurig darüber. Ich habe dort ganz anderes erlebt als das, was die Schlagzeilen füllte. Ich mag mich nicht streiten über das, was Gott tut. Dass wir Menschen in das Wirken Gottes immer auch Eigenes, auch Sünde beimengen, ist das verwunderlich? Aber deshalb alles ablehnen?

»Warum in Kanada?« Keine Ahnung. Aber warum nicht?

»Man muss doch nicht nach Toronto fliegen, um Gott zu erleben, oder?« Nein, gewiss nicht! Aber warum eigentlich nicht? Ich habe IHN dort erlebt, sehr stark, sehr wohltuend und wieder einmal so, dass es mein Leben verändert hat. Eine Station auf meinem Weg mit IHM, auf seinem Weg mit mir, eine wichtige Station.

Einige Wochen danach stoße ich auf das, was Paulus in Philipper 3,7-11 schreibt: *»... was mir Gewinn war, das habe ich um Christi willen für Schaden erachtet. Ja, ich erachte noch alles für Schaden gegenüber der überschwänglichen Erkenntnis Christi Jesu, meines Herrn. Um seinetwillen ist mir das alles ein Schaden geworden, und ich erachte es für Dreck, damit ich Christus gewinne ... Ihn möchte ich erkennen und die Kraft seiner Auferstehung und die Gemeinschaft seiner Leiden und so seinem Tode gleichgestaltet werden, damit ich gelange zur Auferstehung von den Toten.«*

»Leidenschaft«, so hat mir mal jemand gesagt, »heißt: Ich kann nicht anders.«

Paulus kann nicht anders. Alles in ihm will Christus gewinnen, will IHN erkennen.

Das ist kein gedanklich-intellektuelles Geschehen, das ist ein Geschehen, das das *ganze* Leben beansprucht: Gemeinschaft Seiner Leiden, Seinem Tod gleichgestaltet werden, um zur Auferstehung von den Toten zu gelangen. Ihn erkennen, das ist ein Weg durch Leiden, durch Tod zum Leben.

Das ist die Verheißung eines erfüllten Lebens voller Leidenschaft in den Armen des liebenden Vaters, unter der Herrschaft des HERRN, der unablässig zur Hingabe ruft, und an der Seite des leidenschaftlichen Liebhabers.

Elftes Kapitel

Zum Schluss kein Ende

»Liebe ist stark wie der Tod und Leidenschaft unwiderstehlich wie das Totenreich. Ihre Glut ist feurig und eine Flamme des HERRN, so dass auch viele Wasser die Liebe nicht auslöschen und Ströme sie nicht ertränken können.« (Hoheslied 8,6b-7a)

Inzwischen sind weitere Jahre vergangen. Viel Schönes haben wir in dieser Zeit in den Gemeinden erlebt, viele froh machende Veränderungen sind geschehen.

Mein 10-jähriges Dienstjubiläum in den Buchholzer Gemeinden ist ein großes, wunderschönes Fest mit vielen Menschen, die mich in den zurückliegenden Jahren begleitet haben, die mit uns gemeinsam auf dem Weg sind. Aufwind, Aufbruch liegt in der Luft.

Immer wieder sprechen wir davon, wie unsere Gemeinde ein großes Haus ist. Da gibt es unten den Festsaal, in dem wir uns alle versammeln, gemeinsam hören, beten, arbeiten und feiern, in den wir auch andere einladen, mit uns zusammen zu sein. Gottesdienste, Lobpreisabende, evangelistische Veranstaltungen, Feste finden hier statt.

Wichtig ist, dass jeder und jede im Haus oben eine Stube haben, wo sie wissen: »Hier bin ich gemeinsam mit nur ein paar anderen zu Hause.« Hier gibt es kleine Treffen in vertrauter Runde. Hier ist Platz für persönlichen Austausch, Gebet miteinander und füreinander, hier ist Geborgenheit, ein geschützter Raum. Die meisten sind in Dienstgruppen zusammen, in Gebetszellen, zwei Hauskreise gibt es. Wir sind ein »tolles Team«.

1996 haben wir einen Verein gegründet: »Leben für alle / Prignitz e.V.« Dieser Name ist Programm. »Leben für alle«, das wollen wir und meinen damit LEBEN als Qualitätsbegriff, so wie Jesus es gesagt hat: »Ich bin gekommen, damit sie das Leben und volle Genüge haben sollen.« (Joh. 10,10)

Der Verein hat Mitarbeiter angestellt. Jens als »MifmuG« (Mitarbeiter für Mission und Gemeindeaufbau), Michaela, sie ist Diplomtheologin, als Pastoralassistentin. Sie kam durch die Theologie-Studierendenarbeit mit uns in Kontakt und blieb nach einem Praktikum sozusagen in der Prignitz hängen. Monika, eine Frau aus der Gemeinde, arbeitet zunächst im Büro, dann im Kinderdienst. Ein Ehepaar, das zum harten Kern der »Kirchenwochenleute« gehört, ist in unseren Bereich gezogen und arbeitet ehrenamtlich mit.

Martina ist inzwischen verheiratet und nicht mehr in der Prignitz. Der Vikar ist Pfarrer geworden und hat seinen eigenen Dienstbereich.

Im Verein sind wir 11 Leute, und wir versuchen auch regional zu arbeiten. Wir treffen uns regelmäßig zum Austausch, zum Gebet. Wir feiern gern und haben immer wieder neue, manchmal verrückte Ideen.

Im Buchholzer Bereich haben wir seit einiger Zeit sonntags nur noch einen Gottesdienst. Wir sind unterwegs als »wanderndes Gottesvolk«. Wer als Gast zu uns kommen will, muss sich vorher erkundigen, in welcher der inzwischen sechs Kirchen, von denen wir fünf benutzen können, denn der Gottesdienst um 10 Uhr sein wird.

Etwa 50 Menschen versammeln sich. Alle Altersgruppen sind vertreten, immer noch schmerzlich wenig Kinder und Familien. Aber Hoffnungszeichen sind zu sehen. Längst sind wir auch ein regionaler Sammlungspunkt geworden.

Es gibt eine Gottesdienstgruppe. Älteste haben Teile des Gottesdienstes übernommen. Käte oder Michaela begleitet die neuen Lieder, die im Rahmen der Liturgie in einem Lobpreisteil gesungen werden. Die Choräle sind immer noch »mein Ding«. Auf einem Keyboard, das wir vor Jahren geschenkt bekommen haben, begleite ich sie. Wir haben zwar in zwei Kirchen eine Orgel, aber die sind immer noch kaputt.

Einmal im Monat, an einem Wochentag, gibt es in drei der Orte einen »GfÄ« (Gottesdienst für Ältere). Ich kann es verstehen, wenn gerade manche von den Älteren mit den Veränderungen am Sonntag nicht klarkommen, wenn es ihnen zu lang, zu laut, zu voll ist. Auch sie sollen eine gute Möglichkeit haben, Gottesdienst zu feiern und Wort Gottes zu hören.

Auch anderes ist nicht mehr wieder zu erkennen. Natürlich ist das für manche schwierig oder auch ärgerlich. Manche reden von »Sekte«, weil das, was geschieht, anders ist als das, was sie kennen, als das, was als »normal« gilt. Für mich ist es wichtig zu unterscheiden zwischen »üblich« und »normal«. Das, was wir weithin erleben, ist *»üblich«*, weil es überall so ist, aber an der biblischen *Norm* gemessen überhaupt *»nicht normal«*. Was ich mir wünsche, dass »normale« Gemeinden entstehen mit ganz normalen Christen, die Jesus immer besser kennen lernen, die gemeinsam in der Bibel lesen, beten, die gern von IHM sprechen und andere einladen, dabei zu sein im LEBEN und in der Gemeinde (vgl. Apg. 2,42-47) – das ist *normal*. Dass Christen wieder »den Weltkreis erregen« (vgl. Apg. 17,6), davon träume ich, davon rede ich, dafür arbeite ich – das ist *normal*.

Dann kommt »mal wieder« alles ganz anders. Eine Krise im Team stellt alles in Frage.

Im Rahmen von Mitarbeitertagen haben wir gerade von der Gemeinde als Schiff gesprochen. Dieses Schiff ist unterwegs mit einem wichtigen Auftrag. Es sind Menschen zu retten. Die Mitarbeiter sind die Mannschaft. Jeder muss seinen Platz einnehmen und seinen Dienst tun, damit es »funktioniert«.

Plötzlich ist es, als ob alles im Chaos versinkt. Sturm auf der See, Streit in der Mannschaft, Unklarheit über die Führung. Mich überfordert das restlos. Ich habe immer gedacht: Das, was wir von woanders hören ... »uns passiert das nicht« ... solche Querelen, Krisen, »Beziehungskisten«. Jetzt haben wir es. Mir ist, als ob Gott zuerst mit mir über meinen und unseren Stolz spricht.

Es kostet enorm viel Zeit und Kraft, viele Gespräche, schlaflose Nächte, Tränen.

Wir haben über Monate wertvolle Begleitung von außen. Die Mitarbeiter der Gemeinde, das sind inzwischen etwa 30 Leute, haben einen schmerzlichen Prozess mit durchzustehen. Am Ende im Mitarbeitertreffen die Worte unseres Beraters:

»Wir haben uns viel Mühe gegeben, aber wir haben es nicht hingekriegt.«

Es bleibt nichts anderes, als mit alldem vor Gott zu stehen: »Wir haben es nicht hingekriegt. Wir brauchen dein Erbarmen.«

Ich bin konfrontiert mit unserer Wirklichkeit als Menschen, auch als Christen, und wenn wir noch so »tolle Typen« sind: Wir kriegen nicht alles in den Griff.

Kann ich damit leben? Kann ich das zulassen und dann loslassen, was mir so wertvoll ist?

In diesem Mitarbeitertreffen kündigt Jens an, dass er mit seiner Familie weggehen wird.

24 Stunden danach sitze ich mit Michaela zusammen. Sie war im Urlaub, hat dort Wichtiges erlebt und will mir davon in aller Ruhe und ganz ausführlich berichten. Schon vor Tagen haben wir es vereinbart, jetzt sitzen wir endlich zusammen. Seit Jahren ist sie meine engste Mitarbeiterin und Freundin, mit der ich inzwischen Leben, Wohnung und Dienst teile. Sie ist ein großes Geschenk für mich. Und alle anderen erfreuen sich an ihrer frischen, fröhlichen Art, an ihren Gaben, ihrer Art zu predigen, an ihrem Dienst in der Gemeinde. Für manche der Älteren ist sie wie eine große Tochter.

Jetzt erzählt sie ihre Urlaubsgeschichte. Es sei ihr, als ob Gott sie ruft, einen ganz neuen Weg zu gehen, einen neuen Platz einzunehmen, in eine Kommunität einzutreten. Spontan kann ich sagen: »Mich überrascht das nicht.« Denn ich weiß, dass diese Perspektive für Michaela schon immer im Rahmen des Möglichen war, schon immer eine Frage für sie war, ob es nicht in diese Richtung gehen wird. Ich habe für sie keine Zweifel an diesem Weg. Aber für mich? Was wird aus mir?

Jens und Käte gehen. Michaela geht.

Ein paar Wochen später sitze ich bei dem anderen Ehepaar, das vor Jahren zu uns gekommen war, und höre ihre Entscheidung: »Wir ziehen auch weg.«

Und ich?

Ich kenne das. In mir ist nur noch ein Schrei. Ich spüre eine unendliche Müdigkeit in mir. Der Dienst ist inzwischen so gewachsen, dass es allein nicht mehr zu schaffen ist. War es ja noch nie. Und jetzt *wieder* allein!

»Gott, das kannst du doch nicht machen!« Was wird aus mir? Was wird aus der Gemeinde?

Ich kann nicht mehr! Und allein schon gar nicht. Ich weiß auch noch nicht, ob die Krise der vergangenen Monate nicht doch so an die Substanz gegangen ist, dass letztlich ein Keim von Misstrauen übrig bleiben wird. Ich habe Angst, dass untendrunter alles kaputt ist, nur noch Trümmer übrig bleiben.

Unverständliche Wege, die mich an den Rand der Verzweiflung bringen, manchmal auch mittenrein.

Alles noch mal von vorn? Natürlich ist vieles ganz anders als am Anfang, das ist nicht zu übersehen.

Manchmal kommt es mir so vor: »Früher war ich allein mit Gott und habe mit ihm gekämpft. Jetzt sind so viele Menschen rundum. Das macht die Sache nicht einfacher.«

In dieser Situation steht mir die Vergeblichkeit aller Mühe überdeutlich vor Augen. Seit Jahren ist in unseren Gemeinden niemand zum Glauben gekommen. Was soll das eigentlich noch? Das ist für mich die größte Anfrage und der tiefste Schmerz.

»Für mich steht alles zur Disposition«, so beschreibe ich im Verein meine Situation im Frühjahr 2001. Ich sehe nur zwei Möglichkeiten:

- Entweder es geht noch mal von vorn los. Ich nehme noch mal Anlauf, zwar unter veränderten Bedingungen, aber doch noch mal: das Alleinsein, die Kämpfe, das Ringen ... noch mal: *»Komme ich um, so komme ich um«* ... Bei diesem Gedanken bleibt mir die Luft weg, krampft sich alles in mir zusammen. Ich habe Angst, und ich bin erschrocken über die abgrundtiefe Müdigkeit in mir. Ich pack das nicht noch mal!
- Oder aber es heißt: »Astrid, lass los, nimm dich nicht so wichtig und geh.« Der Gedanke ans Weggehen ist überhaupt nicht absurd, auch wenn Leute aus der Gemeinde immer wieder ängstlich sagen: »Astrid, geh du jetzt nicht auch noch weg. Das kannst du uns nicht antun!«

Warum eigentlich nicht? Muss ich für alles herhalten? Muss ich jetzt wieder aushalten, durchhalten? Nein! Ich kann nicht mehr und ich will auch nicht mehr.

Dennoch. In allen Kämpfen, bei allem Ringen merke ich einen deutlichen Unterschied zu dem, was vor Jahren war. Es ist nicht so bodenlos. Es geht nicht ans Allerinnerste. Tief in mir drin ist ein festes Wissen, eine tiefe Geborgenheit. Und immer wieder spüre ich: Alle Schreie, alle Tränen, alle Fragen kommen an bei meinem himmlischen Vater, bei meinem HERRN und meinem Geliebten. Ich bin geliebt, leidenschaftlich geliebt. Und für die Liebe zwischen meinem HERRN und mir gilt: *»... dass auch viele Wasser die Liebe nicht auslöschen und Ströme sie nicht ertränken können«* (Hoheslied 8,7). Wie gut!

In dieser Zeit fahre ich zu Exerzitien. Vor Monaten hatte ich bemerkt, wie mein innerer Mensch einen unsagbaren Hunger nach Stille hat und wie es mir kaum noch gelingt, wirklich still zu werden. Ich habe eine Möglichkeit für 9-tägige Exerzitien im Erfurter Augustiner-Kloster gefunden. Dort leben einige Schwestern der Communität Casteller Ring (Evangelische Benediktinerinnen) vom Schwanberg/Franken und nehmen Leute wie mich für solch eine besondere Zeit auf.

Das ist ein Abenteuer, mal wieder. Das Kloster liegt mitten in der Stadt. Zum Glück gibt es Hinweisschilder, so dass ich auch durch Einbahnstraßen hindurch gut hinfinde. Ich melde mich in der Klosterstube. Hier betreiben die Schwestern in einer ausgebauten, renovierten ehemaligen Trafo-Station seit einiger Zeit ein kleines Café, das, wie ich später feststelle, ein beliebter Anziehungspunkt ist. Jeden Nachmittag ist es hier voll.

Alte Klostergemäuer, lange ist es her, dass ich in so etwas gewohnt habe. Die Zimmer auf dem Flur, wo die Gäste der Schwestern wohnen, sind noch nicht lange fertig. Geräumig, trotz der kleinen Fenster, freundlich durch den hellen Holzfußboden, die hellen Einbaumöbel. Ein Schreibtisch, ein gemütlicher alter Sessel, eine Waschecke. Ich fühle mich wohl.

Schwesterngemeinschaft, auch lange her für mich. Am ersten Abend bin ich eingeladen, mit den Schwestern und anderen

Gästen zusammen Abendbrot zu essen. Bei der Vorstellungsrunde, so sagt es mir später jemand, fasse ich mich so kurz und wirke so abweisend, dass jeder merkt, dass ich meine Ruhe haben will.

Die habe ich dann. Neun Tage Schweigen.

Viermal am Tag sind die Schwestern und Leute, die dabei sein wollen, zum Stundengebet in der Kirche. Das ist mir ziemlich fremd, und ich mag das auch nicht. Liturgische Gewänder der Schwestern, Liturgie, alte Gesänge. Mir sind die neuen Lieder lieber. Ich mag mehr das freie Gebet und kann festgelegte Ordnungen nicht so gut leiden. Aber ich lasse mich darauf ein, und das sehr bewusst. Das gehört zu meinen Prinzipien, erst mal offen sein, erst mal ausprobieren.

Ich erlebe in den Tagen etwas Überraschendes. Ist mein Bekenntnis zuerst: »Ich mag das nicht, es ist mir fremd«, heißt es nach einigen Tagen: »Es ist mir fremd, aber ich mach jetzt mit.« Am Ende merke ich: »Es ist mir fremd, aber es tut mir gut!« So viel gesungenes Bibelwort ist in mich eingedrungen. Das kann gar nicht ohne Wirkung bleiben! Als ich wieder zu Hause bin, fehlt mir tatsächlich was.

Das Stundengebet ist lediglich der Rahmen, ein guter Rahmen, der den Tagen Form gibt.

Einmal am Tag habe ich eine etwa halbstündige Begegnung mit der Schwester, die mich in dieser Zeit begleitet. Schwester Ruth ist Schweizerin. Wohl schon 30 Jahre gehört sie zur Kommunität. Seit es diese Station in Erfurt gibt, hat sie die Leitung für die kleine Gruppe von jetzt sieben Schwestern, die in einem Flügel des Klosters ihr Zuhause gefunden haben. Die Schwestern haben die Verantwortung für das geistliche Leben im Kloster übertragen bekommen.

Sie ist eine stattliche Frau, 60 wird sie im nächsten Monat. Einerseits empfinde ich etwas Starkes, ja, fast Strenges in ihr als Gegenüber. Andererseits ist da diese mütterliche Wärme, die ich als etwas besonders Kostbares erlebe, wenn ehelos lebende Frauen diese ausstrahlen und darin, so empfinde ich, anderen einen besonderen Raum geben zum Sein.

Sie gibt mir jeweils für einen Tag einen Bibeltext, mit dem

ich mich dann den Tag über betend beschäftigen soll. Am nächsten Tag hört sie von mir, wie es mir damit ergangen ist, und dann geht es weiter. So jedenfalls ist der Plan.

Ich darf ich sein. Das ist das Geschenk dieser Tage, in denen ich zunächst einfach nur kaputt bin. Ich friere fast ständig, kann nachts schlecht schlafen, bin am Tag nur müde. Ich weine viel, habe Angst und bin doch geborgen.

Es sind verschiedene Etappen, durch die ich diese neun Tage hindurchgehe. Zunächst ist es meine Situation, die alles dominiert. In einer Nacht wache ich auf, schweißgebadet, weinend. In einem Traum bin ich konfrontiert mit dem, was ist, viel mehr noch mit dem, was *nicht mehr* ist. »Zerstörtes Nest«, heißt das Wort, mit dem ich erwache.

Am nächsten Tag kommen wir im Gespräch irgendwie auf Weizenkörner zu sprechen. Keine Ahnung mehr, warum und wie. Schwester Ruth sagt am Ende: »Ich lege Ihnen welche vor die Tür.« Mittags halte ich sie in der Hand. Das ist zu viel für mich. Ich halte das kaum aus. Weizenkörner. Das war immer die Verheißung: *»... wenn es aber stirbt, bringt es viel Frucht«* (Joh. 12,24). Das war so oft mein Gebet gewesen: »Herr, viel Frucht, das wünsche ich mir.«

Überglücklich hatte ich die ersten Halme, das zarte lebendige Grün gesehen. Ich hatte gedacht, es hat begonnen, dass die Verheißung sich erfüllt. Doch davon schien nichts mehr übrig. Es ist, als ob ein Mähdrescher rübergefahren ist, einfach so, viel zu früh, rücksichtslos, zerstörerisch. Alles ist weg. Das ist mein Lebensgefühl. Im Blick auf die Weizenkörner in meiner Hand zerreißt es mich fast.

Da bekomme ich die Aufgabe: »Malen Sie mal Ihr Leben als ein Weizenkorn, malen Sie Ihre Lebensgeschichte da hinein, und zwar alles, was LEBEN ist, Ihre Gaben, Ihre Erfolge, Ihre Freude, Ihren Reichtum.«

Ich kann zwar nicht malen, aber diese Aufgabe bewahrt mich an diesem Nachmittag vor dem Absturz. Am Ende finde ich mein Gemälde sogar schön. Es zeigt etwas von dem Reichtum, der da schon drin ist. Ich habe meine Lebensgeschichte gemalt, und ich stelle fest: *»Da ist schon Frucht. Und auch, wenn mir* *scheint, der Mähdrescher ist vorzeitig gekommen und hat's abgesägt, nein, da ist doch schon Frucht. Aber es soll MEHR FRUCHT werden.«* (Tgb. 23. März 2001)

Da ist schon Frucht, gar nicht zu übersehen. Zu Hause ist es zu sehen, aber auch ganz woanders habe ich doch hier und da, wenn ich irgendwo bei Seminaren oder Tagungen von dem Weg des HERRN mit mir erzählt habe, schon bewegend erlebt, wie Leute auf mich zugekommen sind und gesagt haben, wie sehr ich sie ermutigt habe. Da ist schon Frucht. Ich sehe es in diesem Weizenkorn auf dem Papier vor mir. Und mir ist, als ob Jesus mich fragt: »Astrid, willst du, dass MEHR FRUCHT wird?«

Ich sage: »JA.« Noch ist es ein zartes, ganz stilles Ja. Dann spüre ich deutlich: Das ist der Weg! Letztlich ist es JESUS, der um mich wirbt, dass ich dranbleibe, dass ich nicht aufgebe, dass ich weiter gehe, weiter vertraue, weiter liebe.

Schon oft war Seine Frage an mich: »Astrid, bist du bereit?« Nie hat ER mich gezwungen. Als Liebhaber wartet ER auf mein Ja.

Am nächsten Tag geht es weiter. Jetzt soll in das Weizenkorn alles reingemalt, draufgeschrieben werden, was auch dazugehört in mein Leben: alles Schwere, alles Kaputte, alles Mühsame. Ich habe viel zu tun an diesem Vormittag. Über vielem, was das Weizenkorn inzwischen ausfüllt, sind einige Worte groß und dick zu lesen: Schmerz, Vergeblichkeit, Enttäuschungen, Verlust, Einsamkeit, Heimatlosigkeit. – »Wenn das Weizenkorn in die Erde fällt und stirbt ...« – stirbt auch all das mit.

Am Samstagabend wird in einem kleinen Gottesdienst der Sonntag begrüßt. Wir gehen auf LAETARE zu. Der Wochenspruch der neuen Woche: »Wenn das Weizenkorn nicht in die Erde fällt und stirbt, bleibt es allein, wenn es aber stirbt, bringt es viel Frucht« (Joh. 12,24). So ein Zufall!

Eine kurze Predigt – »extra für mich«. Vorn steht eine Pflanzschale mit Erde, Weizenkörner liegen daneben. Die Einladung: Wer möchte, kann nach vorn kommen und ein Weizenkorn in die Erde legen als ein Zeichen dafür: »Herr, hier bin ich. Ich lege mein Leben als ein Weizenkorn in dich hinein.«

Ich bin die Erste, die vorn ist. Das hatte ich mir schon gewünscht, das zarte, stille Gebet vom Vorabend zu bekräftigen, zu bestätigen, zeichenhaft zu vollziehen.

Ich merke den Unterschied. Es ist gerade kein »Kraftakt«, den ich da vollziehe, es ist nicht das Kämpferische, das wieder mal siegt. Es heißt gerade nicht: »Und jetzt noch einmal, Astrid, du hast es schon einmal geschafft. Du schaffst es auch jetzt.« Nein, es klingt ganz anders.

Am letzten Tag im Schweigen ist mir die Geschichte mit der Fußwaschung (Joh. 13,1-15) zur Besinnung aufgegeben, dazu auf einer Postkarte ein Bild von Sieger Köder, das mir diese Begebenheit sehr lebendig macht. Am Tag nach dem Schweigen – ich bin noch im Kloster, um mich langsam wieder an den Alltag zu gewöhnen – schreibe ich Folgendes als mein Erleben in den Tagen der Stille auf:

> *»JESUS sagt nicht: ›Astrid, jetzt noch einmal. Komm, raffe dich auf, du schaffst es. Hast es schon einmal geschafft. Noch einmal!‹ Nein! Das sagt ER nicht. Vielmehr kniet ER zu meinen Füßen und wäscht sie. Unfassbar! – ER wäscht ab allen Schmutz. Wie viel hatte sich angesammelt – unterwegs auf dem Weg, unterwegs in den Kämpfen. ER reinigt. Und dort, wo der Schmutz war, wo die Wunden waren, da berührt ER mit seinen Lippen meine Füße, mein Leben. ER heilt! Und mit seinen Händen salbt ER meine Füße, mein Leben, für den neuen Weg. Ich kenne ihn noch nicht. Aber ich weiß, es gibt ihn, diesen Weg, einen neuen Weg, in Neues hinein. Es gibt wieder Zukunft!«* (Tgb. 29. März 2001)

Es gibt wieder Zukunft! Mit dieser Gewissheit fahre ich nach Hause.

Es steht nicht mehr das »Entweder-Oder«. Das *entweder bleiben*, aushalten, durchhalten, weiterkämpfen, weitermachen, weitersterben, *oder aber das Gehen*, das Loslassen, Nicht-so-wichtig-Nehmen, das Aufhören und Weggehen. Beides sind mögliche Wege, nichts davon ist verkehrt. Aber für mich findet die Frage eine andere Antwort: Es gibt einen dritten Weg, einen anderen Weg.

Auf diesem Weg bin ich jetzt unterwegs, unterwegs in Neues hinein, nach viel Schmerz mit neuer Hoffnung, begeistert von diesem Gott, der sich gnädig und mächtig erweist, begeistert von diesem Gott, der mir mit seiner leidenschaftlichen Liebe begegnet, und mir ist, als ob ER sagt: *»Astrid, es gibt wieder Zukunft! ... Siehe, ich schaffe Neues, jetzt wächst es auf ...«* (vgl. Jes. 43,19).

Ich erfreue mich an den neuen Geschichten, die ER mit mir und ich mit IHM erlebe.